Le descriptif de l'épreuve

1

L'épreuve écrite au brevet (2 heures) est notée sur 40 points, dont 4 pour la maîtrise de la langue. Dans chacune des trois parties qui la composent, vous devrez répondre à des questions de cours puis analyser un document.

1 Partie histoire (13 points)

▶ Les questions de cours portent sur les **repères chronologiques** du collège (→ RABATS I À III) et sur le **programme de 3e**.

▶ Ces questions appellent des réponses plus ou moins courtes, et l'une d'elle peut être l'objet d'un **développement construit**.

▶ Le **travail sur document** consiste à :
– identifier un document en relation avec un thème du programme ;
– en dégager le sens ;
– prélever des informations ;
– porter parfois un regard critique sur ce document.
Vous serez guidé(e) par des questions et des consignes.

2 Partie géographie (13 points)

▶ Vous devrez localiser ou nommer sur un fond de carte des **repères spatiaux** du collège (→ RABATS IV À VI) et répondre à des questions sur le **programme de 3e**. L'une de ces questions peut être l'objet d'un **développement construit**.

▶ Dans le cadre du **travail sur document**, on vous demandera d'identifier un document en relation avec un thème du programme, d'en dégager le sens et de prélever des informations.

▶ Une **tâche cartographique** (→ FICHE 4) peut aussi vous être demandée.

3 Partie éducation civique (10 points)

▶ Des questions permettent de vérifier votre connaissance du **programme de 3e** (valeurs, principes, acteurs, notions).

▶ Vous devrez ensuite **analyser un document** en relation avec un thème du programme : l'identifier, en dégager le sens et rendre compte du problème politique ou social qu'il illustre.

Répondre aux questions de cours

2

L'objectif de ces questions est d'évaluer votre capacité à utiliser et organiser vos connaissances.

1 *Les repères d'histoire et de géographie* (→ RABATS)

Il est demandé de dater, nommer ou localiser les grands repères de l'ensemble des programmes du collège. Il faut les **apprendre par cœur**, dès le début de l'année scolaire.

> CONSEIL Vous pouvez apprendre de façon ludique les repères de géographie, grâce à des sites comme www.jeux-geographiques.com.

2 *Mobiliser ses connaissances*

▶ Lisez très attentivement la question en soulignant les mots importants et reformulez-la pour **éviter le hors-sujet**.

▶ Répondez brièvement aux **questions précises** portant sur un fait, une date, une définition…

▶ Si la réponse attendue est plus élaborée, en particulier dans le cas où la consigne demande de rédiger un développement construit, commencez par **mobiliser vos connaissances**. Posez-vous les questions suivantes : Qui ? Quoi ? Quand ? Où ? Pourquoi ? Comment ? Par qui ? Dans quel contexte ? Notez les réponses au brouillon et barrez celles qui ne font pas référence au sujet dans ses **limites** chronologiques, spatiales ou thématiques.

3 *Rédiger un développement construit*

▶ Vous devez organiser un **plan logique**, suggéré par la question.

▶ Cherchez un « fil conducteur », une idée directrice qui relie les parties entre elles et souligne l'intérêt du sujet. Par exemple, s'il est demandé de « raconter » un événement, suivez l'**ordre chronologique** (causes, événement, conséquences).

▶ Rédigez d'abord au brouillon puis au propre. Une phrase d'**introduction** énonce le sujet et annonce le plan. Le **développement** expose chaque partie, si possible avec une transition entre chacune. La **conclusion** montre que le sujet a été exposé et expliqué.

Analyser un document

3

Dans chacune des trois parties de l'épreuve au brevet (histoire, géographie, éducation civique), vous devrez analyser un document en relation avec un thème du programme.

1 Lire le document et la consigne

▶ Il faut d'abord lire et observer attentivement le document. Vous devez **identifier sa nature** : un texte (article de journal, discours, tract…), une image (photo, carte, dessin humoristique…), un tableau statistique… Repérez aussi l'auteur et la date du document.

▶ Avant de répondre, lisez **toutes les questions** qui accompagnent le document : elles sont destinées à guider votre démarche.

2 Prélever des informations et dégager le sens du document

▶ Prélevez des **informations** en répondant aux questions et/ou en interrogeant le document : Pourquoi la date est-elle importante ? Quel est le contexte ? Qui est l'auteur ? Que décrit et que signifie une image ? À quoi fait allusion un passage d'un texte ? À qui est destiné le document ?

▶ Dégagez le **sens du document** en vous remémorant votre cours. Le document s'inscrit dans un thème du programme. Les réponses aux questions permettent d'éclairer et d'expliquer ce thème.

▶ Portez un **regard critique** sur le document. Une question peut porter sur l'objectivité du document ou de son auteur. Votre réponse doit être argumentée.

3 Rédiger les réponses

▶ Répondez toujours par des phrases complètes en reprenant les **termes de la question**.

▶ Si le document est un texte, citez-le entre **guillemets**. Appuyez-vous sur le cours pour éviter de paraphraser le document.

Compléter une carte 4

Dans la partie géographie de l'épreuve du brevet, une tâche cartographique peut vous être demandée.

1 La tâche cartographique

▶ Il s'agit de **compléter une légende et/ou une carte** de synthèse, par exemple sur le thème de l'organisation du territoire régional (région où se trouve votre collège) ou du territoire national.

▶ Il est alors nécessaire de **maîtriser le langage cartographique**.

2 Le langage cartographique

▶ Pour représenter un phénomène, il existe **trois types de figurés**, chacun avec un rôle bien défini.

Type de figurés	Figuré cartographié	Phénomène cartographié
Figurés de surface	Surface ou zone (plage colorée ou hachurée)	Niveau de richesse, de densité, zone industrielle ou agricole, espace touristique…
Figurés ponctuels	Localisation ponctuelle (point, cercle, triangle, carré)	Ville, port, aéroport, parc technologique…
Figurés linéaires	Ligne ou flèche	Route, voie ferrée, fleuve, frontière, flux migratoire ou de marchandises…

▶ Le jour du brevet, les sujets sont imprimés en noir et blanc. Les figurés de surface sont donc souvent des plages hachurées. Vous pouvez colorier votre croquis mais le **choix des couleurs** ne se fait pas au hasard. N'oubliez pas de colorier la légende également.

▶ Ainsi, les dégradés de couleurs (rouge, orange puis jaune) permettent de représenter une intensité différente du même phénomène cartographié (richesse, densité…) ; le bleu est à réserver aux phénomènes maritimes, le jaune aux déserts ou aux faibles densités, le vert aux espaces ruraux…

La Première Guerre mondiale : une guerre totale

6

? QUIZ p. 25

En quoi la Première Guerre mondiale est-elle un événement capital à l'aube du XXe siècle ?

1 Les grandes phases de la guerre

A 1914 : la guerre de mouvement

En août 1914, les **Empires centraux** (Allemagne, Autriche-Hongrie) et l'**Entente** (France, Royaume-Uni, Russie) s'affrontent. L'avance rapide des Allemands au nord de la France est stoppée lors de la bataille de la Marne (septembre 1914).

B 1915, 1916, 1917 : la guerre de position

► En 1915, le front se stabilise selon un dispositif défensif : les **tranchées**. Les forces sont équilibrées et les opérations pour percer le front sont vaines et meurtrières. L'Empire ottoman rallie les Empires centraux et l'Italie rejoint l'Entente. La dispersion des fronts ne permet pas de rompre l'équilibre : les Russes sont défaits à Tannenberg (1914) et l'Entente échoue aux Dardanelles (1915).

► En 1916, les états-majors lancent « la guerre d'usure », destinée à « saigner » l'armée adverse pour la forcer à capituler. Cette **violence de masse** entraîne la mort d'un million de soldats dans chaque camp : à **Verdun**, où les Français, avec le général Pétain, tiennent bon et sur la Somme, où l'armée allemande résiste difficilement.

> DATE CLÉ **En 1917, l'entrée en guerre des États-Unis aux côtés de l'Entente est un tournant de la guerre : l'équilibre des forces est rompu.**

► En 1917, les Alliés sont battus au Chemin des Dames et à Caporetto. Les populations sont épuisées. Des **mutineries** et des **grèves** éclatent. La guerre sous-marine à outrance lancée par l'Allemagne entrave la liberté des mers. Les États-Unis lui déclarent la guerre le 6 avril 1917. La Russie, après deux révolutions, signe un armistice avec l'Allemagne.

C 1918 : la reprise de la guerre de mouvement

► L'Allemagne n'a plus qu'un front à défendre. Elle lance trois offensives avant l'**arrivée massive des Américains**. Appuyé par ceux-ci, le général Foch remporte la seconde bataille de la Marne (juillet 1918) et force l'armée allemande à reculer.

▶ Vaincue, l'Allemagne signe l'**armistice** à Rethondes le 11 novembre 1918.

2 La guerre omniprésente

A La mobilisation de toutes les ressources humaines

▶ Pour accroître les effectifs des armées, des réservistes sont rappelés et des soldats recrutés dans les **empires coloniaux**.

▶ À l'avant, les soldats, armés de fusils, de mitrailleuses et de grenades, font preuve d'héroïsme et de ténacité. Dans les tranchées, les « **poilus** » supportent courageusement le froid, la pluie, la boue, le fracas des armes, l'absence d'hygiène, la faim et l'omniprésence de la mort.

▶ À l'arrière, les **femmes** remplacent les hommes dans tous les secteurs d'activité. Elles supportent stoïquement la pénurie, l'épuisement et les deuils.

B Une économie de guerre

▶ Le système capitaliste et libéral est suspendu. **Les États contrôlent l'économie**, mise au service de la guerre.

▶ Les impôts ne suffisent plus. Les États multiplient les emprunts et les émissions de billets : c'est l'**inflation**.

▶ Destinés en priorité à l'armée, les matières premières et les produits agricoles sont réquisitionnés. Le rationnement des civils est établi pour limiter les effets de la **pénurie**.

▶ Les États favorisent le développement des industries de guerre qui produisent massivement de **nouvelles armes** (avions, chars).

C La démocratie et les libertés suspendues

▶ En raison de la guerre, des **gouvernements forts** sont mis en place dans la plupart des États (G. Clemenceau en France).

▶ La presse est censurée. La **propagande** exalte les victoires, tait ou minimise les échecs. C'est le « bourrage de crâne ».

CONCLURE

Par son extension mondiale, par sa durée, par son intensité et par la mobilisation entière de tous, la Première Guerre mondiale est une guerre totale.

Les conséquences de la Première Guerre mondiale

7

? QUIZ p. 25

Quels profonds bouleversements la Première Guerre mondiale a-t-elle entraînés ?

1 *Un monde déstabilisé*

A Le bilan humain très lourd

▶ **Huit millions d'hommes sont morts.** Les jeunes générations sont décimées et la population tend à vieillir.

▶ La violence de masse marque ce conflit. Elle frappe des populations civiles : en 1915, dans l'Empire ottoman, l'armée turque massacre 1,5 million d'Arméniens. C'est le premier **génocide** du XXe siècle.

B L'évolution des mentalités

▶ De nombreux anciens combattants veulent que cette guerre soit la « der des ders » et militent pour le **pacifisme**.

▶ Les **femmes** réclament plus de libertés et plus de droits.

C Le bilan économique

L'**Europe** est dévastée par les combats. Les monnaies sont très dépréciées par l'inflation et l'endettement. L'Europe a perdu sa prépondérance économique au profit des **États-Unis**.

2 *Une nouvelle carte politique de l'Europe*

A Le règlement du conflit

▶ Les vainqueurs veulent établir une paix juste et durable et érigent en principe le droit des peuples à l'autodétermination. Pour maintenir la paix, une organisation internationale est créée : la **Société des Nations** (SDN).

▶ Jugée responsable de la guerre, l'Allemagne doit signer le **traité de Versailles**, le 28 juin 1919. Elle est contrainte à payer de lourdes réparations, elle est désarmée et la Rhénanie est démilitarisée. La France recouvre l'Alsace et la Lorraine.

B De nouvelles frontières en Europe (→ DÉPLIANT, I)

▶ Les empires autoritaires et multinationaux ont disparu. De **nouveaux États** sont créés : Pologne, Tchécoslovaquie, Hongrie, Autriche ainsi que Finlande, Estonie, Lettonie et Lituanie.

▶ **Sources de tensions**, les nouvelles frontières ne délimitent pas partout des États-nations. Ainsi, les Allemands de Dantzig et de Tchécoslovaquie sont séparés de la mère-patrie.

3 Révolutions et agitation sociale

A Les révolutions russes

▶ En 1917, la Russie a perdu 2 millions d'hommes. En février, la population de Petrograd manifeste contre la pénurie, puis contre Nicolas II et la guerre. Des grèves éclatent. La troupe se mutine et arme les insurgés qui s'emparent de la capitale. Le 2 mars, **Nicolas II abdique**.

▶ Un double pouvoir se met en place : le **Soviet**, élu par les ouvriers et les soldats, et le **gouvernement provisoire**, qui poursuit la guerre.

▶ Avec **Lénine**, le parti bolchevique prépare une insurrection. Il reprend les aspirations populaires : le pain, la terre, la paix. Les Gardes rouges, recrutés par Trotski, se rendent maîtres de Petrograd le 25 octobre. Le gouvernement provisoire se rend.

▶ Lénine préside le nouveau **gouvernement bolchevique**. Il promulgue les décrets sur la paix, la terre, les entreprises industrielles et l'autodétermination des minorités nationales. En décembre 1917, il signe à Brest-Litovsk un armistice avec l'Allemagne, puis la paix en mars 1918.

B La contagion révolutionnaire

▶ En 1919, des **mouvements d'extrême gauche**, en Allemagne (les Spartakistes) et en Hongrie, tentent une révolution qui échoue.

▶ En France, au Royaume-Uni et en Italie éclatent des **grèves** très dures.

▶ Afin de préparer la révolution mondiale, Lénine fonde cette même année la IIIe Internationale communiste (le **Komintern**), ce qui inquiète les pays démocratiques.

CONCLURE

Affaiblie, l'Europe sort profondément transformée de ce conflit qui infléchit toute l'histoire du XXe siècle.

Le régime totalitaire stalinien

8

QUIZ p. 25

Comment, à la tête de l'URSS, Staline établit-il un régime totalitaire ?

1 De la Russie à l'URSS

▶ Depuis octobre 1917, la Russie bolchevique est dirigée par Lénine. Une **guerre civile** (1918-1921) oppose les bolcheviks aux Blancs (contre-révolutionnaires).

▶ Lénine établit un régime de dictature qui s'appuie sur le **parti communiste** (nom du parti bolchevik depuis 1918). L'Armée rouge l'emporte mais le pays est ruiné et la famine sévit. Lénine, en 1921, libéralise partiellement l'économie pour permettre son redressement.

▶ En 1922, la Russie bolchevique prend le nom d'Union des Républiques socialistes soviétiques (**URSS**). C'est un État fédéral.

▶ À la mort de Lénine (1924), **Staline** l'emporte dans la lutte pour le pouvoir qui l'oppose à **Trotski**.

2 Une économie étatisée

A Nationalisation et collectivisation

▶ Les industries sont nationalisées. Les paysans doivent mettre en commun leurs terres et travailler dans de vastes exploitations collectives (les **kolkhozes**).

> MOT CLÉ Le parti communiste vise à établir une société sans classes : pour cela, l'État s'approprie les biens de production et gère l'économie.

▶ Les paysans résistent. Staline décide la **dékoulakisation** ou élimination des koulaks (paysans riches). Des millions de koulaks ainsi que des paysans insoumis sont exécutés ou déportés dans des camps de travaux forcés, dirigés par le **Goulag**.

▶ En 1932, le pays est frappé par la **famine**.

B Planification et industrialisation

▶ Selon des objectifs fixés par le gouvernement, le Gosplan établit des **Plans quinquennaux**. Le « patriotisme du travail » est exigé de chacun, soit par la contrainte (punitions), soit par l'émulation (propagande, stakhanovisme, récompenses).

▶ Pour équiper le pays et mécaniser l'agriculture, l'**industrie lourde** est privilégiée.

C Bilan

▶ En 1940, l'URSS est la **3e puissance industrielle** mondiale.

▶ Si l'industrie lourde a beaucoup progressé, l'agriculture, les biens de consommation, le logement sont des secteurs faibles. Le système de planification révèle aussi des faiblesses : lourdeur de la machine administrative, **pénurie** chronique et mauvaise qualité de certains produits.

3 *Le contrôle de la population*

A Le système totalitaire

À la tête du parti communiste, **parti unique** depuis 1918, Staline impose une dictature et exige de la population une soumission totale. S'appuyant sur une bureaucratie toute-puissante, l'État contrôle tous les domaines : politique, économique, culturel.

B Une population embrigadée

▶ Les Soviétiques sont **endoctrinés** par l'enseignement et par des loisirs encadrés. La censure les réduit au silence.

▶ Diffusée par les médias et les artistes, la propagande exalte la supériorité du régime et développe le **culte de la personnalité** de Staline, célébré comme un dieu.

C La terreur de masse

▶ La population est surveillée par la **police politique** qui applique la terreur de masse : arrestations, déportations, exécutions. Les victimes se comptent par millions.

▶ Dans les **camps du Goulag**, 5 à 8 millions de déportés vivent dans des conditions inhumaines et travaillent à la réalisation du Plan dans les régions hostiles du Nord et de la Sibérie.

▶ Avec les **procès de Moscou** (1936-1939), Staline déclenche la « grande terreur ». Des « purges » éliminent ses adversaires réels ou supposés : anciens bolcheviks, trotskistes, cadres de l'armée, intellectuels.

CONCLURE

Avec une extrême brutalité, le régime totalitaire stalinien exerce sur la population une emprise totale.

Le régime totalitaire nazi

9

QUIZ p. 25

Comment l'Allemagne est-elle devenue un État totalitaire raciste et antisémite ?

1 Les principaux thèmes de l'idéologie nazie

Le parti nazi, fondé et dirigé par **Hitler**, applique les théories que celui-ci a exposées dans *Mein Kampf*. Il est doté de milices armées : les SA (sections d'assaut) et les SS (brigades de protection).

A Le racisme et l'antisémitisme

▶ Selon les nazis, il existe une hiérarchie des races : la **race aryenne**, supérieure, est incarnée par le peuple allemand, qui doit disposer d'un « **espace vital** » pris sur les peuples dits inférieurs, les Slaves.

▶ Le peuple allemand doit préserver sa « pureté » et éliminer les races dites « corrompues », juive et tzigane. L'**antisémitisme** (la haine des Juifs) est un pivot du nazisme.

B Le nationalisme

▶ La « **Grande Allemagne** » doit rassembler tous les peuples allemands et effacer l'humiliation du traité de Versailles.

▶ Hitler, le ***Führer***, incarne la nation et dirige le peuple.

2 La nazification de l'Allemagne

A La démocratie confisquée

▶ Hitler est légalement nommé **chancelier** le 30 janvier 1933.

▶ Il obtient du président Hindenburg la **dissolution du *Reichstag***. Le parti communiste est interdit, les libertés fondamentales sont supprimées. Au *Reichstag* élu en mars, les nazis n'ont pas la majorité absolue. Hitler obtient cependant les **pleins pouvoirs**.

B La dictature du parti nazi

▶ Partis politiques et syndicats sont interdits. Le parti nazi, **parti unique** dans un État centralisé, est lui-même épuré avec l'assassinat des chefs SA, le 30 juin 1934 (Nuit des longs couteaux).

▶ À la mort d'Hindenburg (1934), Hitler devient ***Reichsführer*** avec les pouvoirs de chef d'État et de chef de gouvernement.

3 Un État totalitaire raciste et antisémite

A L'endoctrinement de la population

▶ Les livres d'auteurs juifs ou marxistes sont interdits et brûlés en public (**autodafés**).

▶ Avec Goebbels, ministre de la Propagande, les médias conditionnent les esprits. L'enseignement est contrôlé et la jeunesse est embrigadée dans les **Jeunesses hitlériennes**.

B Un régime de terreur de masse

▶ La **Gestapo**, police politique dirigée par Himmler, use des méthodes les plus brutales : tortures, assassinats, déportations.

▶ En 1939, dans les **camps de concentration**, créés dès 1933, sont internés un million de Juifs et d'opposants politiques.

C La politique raciale et antisémite

▶ Des **personnes handicapées** sont stérilisées ou tuées.

▶ Les **lois de Nuremberg** (1935) interdisent aux Juifs de s'unir avec des « Aryens ». Les Juifs sont privés de leur citoyenneté et évincés de certaines professions. En 1941, ils doivent porter l'**étoile jaune** et sont exclus des lieux publics. Les persécutions, assassinats (Nuit de cristal, 1938) et déportations se multiplient.

▶ Début 1942, à la conférence de Wannsee, les nazis décident la « **Solution finale** », c'est-à-dire l'extermination des Juifs.

4 Une politique de coups de force

▶ L'État oriente l'économie vers la recherche de l'autarcie et le réarmement. En violation du traité de Versailles, Hitler rétablit le service militaire et **remilitarise** la Rhénanie (1936).

▶ Il **annexe** l'Autriche et la région des Sudètes (1938). Les démocraties occidentales, attachées à la paix, réagissent peu.

▶ Dans la perspective d'une guerre, l'Allemagne signe avec l'URSS un **pacte de non-agression**, le 23 août 1939.

▶ Hitler **envahit** la Pologne (1er septembre 1939).

CONCLURE

Hitler applique ses théories raciales et précipite l'Allemagne dans la guerre. Il étend ensuite la « barbarie nazie ».

La Seconde Guerre mondiale (1939-1945)

10

QUIZ p. 25

Quelles sont les phases et les caractéristiques de la Seconde Guerre mondiale ?

1 *Les victoires de l'Axe (1939-1942)*

A La guerre éclair

▶ D'avril à juin 1940, le Danemark, la Norvège, la Belgique, les Pays-Bas et la France sont envahis et occupés par l'Allemagne qui applique la tactique de la guerre éclair : des bombardements intensifs suivis de l'occupation du terrain par les blindés. Vaincue, **la France signe l'armistice le 22 juin 1940**.

▶ L'Allemagne prépare un débarquement au **Royaume-Uni** qui, seul contre l'Allemagne, résiste aux bombardements.

B 1941 : le conflit devient planétaire

▶ Rompant le pacte de non-agression qui lui a évité de se battre sur deux fronts, Hitler attaque l'**URSS** le 22 juin 1941. Une avance foudroyante fixe le front de Leningrad à Stalingrad en 1942.

▶ Le **Japon**, dans le Pacifique, se heurte aux **États-Unis**. Le 7 décembre 1941, il détruit leur flotte à **Pearl Harbor**. Les États-Unis entrent en guerre.

▶ En 1941, les pays de **l'Axe** (Allemagne, Italie, Japon), qui veulent conquérir de nouveaux territoires et soumettre les nations vaincues à leur idéologie, s'opposent aux **Alliés**. Ceux-ci défendent chacun leur propre idéologie (le Royaume-Uni et les États-Unis : la démocratie ; l'URSS : le communisme) contre leur adversaire commun.

2 *La victoire des Alliés (1942-1945)*

A Les coups d'arrêt

▶ Dans le Pacifique, la victoire américaine de **Midway** (juin 1942) marque le début du reflux japonais.

▶ Les Alliés débarquent en **Afrique du Nord** (novembre 1942), puis en Sicile.

▶ En URSS, l'armée allemande s'empare de **Stalingrad**. La population de la ville lutte héroïquement pour se défendre. Encerclés par l'Armée rouge, les Allemands capitulent le 2 février 1943, déplorant la perte de 300 000 hommes. Cette défaite marque un tournant dans la guerre.

B La défaite de l'Axe (→ DÉPLIANT, II)

▶ L'Armée Rouge libère l'URSS et les États d'Europe de l'Est.

▶ Les **débarquements alliés en Normandie** (6 juin 1944), puis en Provence, permettent la libération de la France avec l'appui de la Résistance.

▶ Écrasée sous les bombes (Dresde, Berlin), envahie à l'est et à l'ouest, **l'Allemagne capitule le 8 mai 1945**.

▶ Dans le Pacifique, malgré l'avance américaine, le Japon ne cède pas. Les États-Unis lancent deux bombes atomiques sur **Hiroshima et Nagasaki** les 6 et 9 août 1945. Le Japon signe sa capitulation le 2 septembre 1945.

3 *Une guerre d'anéantissement planétaire*

A Un affrontement sans précédent

▶ Les combats se sont déroulés sur tous les océans et continents. **100 millions de soldats** se sont affrontés.

▶ De nouvelles **armes d'anéantissement** sont utilisées : bombes volantes (V1), fusées (V2) et bombe atomique.

▶ Les **populations civiles** ont payé un lourd tribut. Des bombardements ont intentionnellement frappé des villes pour forcer l'adversaire à capituler.

B La mobilisation des économies et des hommes

▶ Les belligérants adoptent une **économie de guerre** et mobilisent les travailleurs. Le patriotisme et la défense des valeurs idéologiques sont exaltés.

▶ Dans les pays occupés, l'économie et la main-d'œuvre sont réquisitionnées. L'**idéologie** des vainqueurs est diffusée.

CONCLURE

Durant six ans d'une guerre planétaire, lors de combats démesurés, les belligérants ont cherché à anéantir leurs adversaires pour des enjeux à la fois nationaux et idéologiques.

11 La Seconde Guerre mondiale : occupation, terreur et génocides

? QUIZ p. 25

Comment les nazis ont-ils imposé leur domination et appliqué leurs théories antisémites et racistes ?

1 *L'Europe pillée et soumise à la terreur*

A Le poids de l'occupation

▶ Les **États vaincus** sont occupés militairement et dirigés par l'Allemagne ou par des gouvernements qui collaborent.

▶ Ils paient de **lourds tributs** d'occupation. Leurs productions sont réquisitionnées et des millions de travailleurs sont déplacés de force en Allemagne.

B La terreur et l'univers concentrationnaire

▶ Partout, les libertés sont supprimées et les médias, censurés, diffusent l'idéologie nazie. La **Gestapo** arrête des Juifs, prend des otages, traque les résistants. Ils sont torturés, déportés, exécutés.

> MOT CLÉ Les camps de concentration sont destinés à isoler les adversaires du nazisme et à fournir de la main-d'œuvre.

▶ Les **camps de concentration** soumettent totalement les détenus. Toute volonté de résistance est brisée, psychologiquement, par des humiliations et la « dépersonnalisation » (numéro de matricule, uniforme) et, physiquement, par la sous-alimentation, le travail forcé, l'insalubrité. La mortalité, très élevée (10 millions de victimes), est accrue par les exécutions et les épidémies.

2 *Les génocides*

A Le génocide des Juifs : la Shoah

▶ Les ***Einsatzgruppen*** (groupes d'intervention formés de SS) suivent les armées en URSS avec pour mission d'exterminer des Juifs. Un million d'entre eux périssent, victimes de fusillades, de noyades et de gazages dans des camions.

▶ Les nazis organisent l'élimination des Juifs par leur déportation et leur enfermement dans des centaines de **ghettos** (Lodz, Varsovie, Cracovie). Entassés et affamés, ils sont promis à la mort.

> **MOT CLÉ** Les camps d'extermination ont pour objectif l'élimination massive et organisée des Juifs.

▶ En janvier 1942, les dirigeants nazis décident la « **Solution finale** de la question juive » : l'extermination organisée et totale des Juifs. Des **camps d'extermination** sont créés en Pologne (Treblinka, Auschwitz-Birkenau).

▶ Les Juifs sont raflés partout en Europe et acheminés par wagons dans ces camps de la mort. Après la sélection par les SS, les plus faibles (femmes, enfants, vieillards) sont asphyxiés dans les **chambres à gaz** et leurs corps sont brûlés dans les **fours crématoires**. Les hommes valides sont chargés des macabres tâches dans le camp.

▶ **Six millions de Juifs** ont péri, dont trois millions dans les centres de mise à mort.

B Le génocide des Tziganes

Considérés par Hitler comme des « êtres asociaux », les Tziganes sont raflés dans toute l'Europe et 120 000 d'entre eux sont exterminés selon les mêmes procédés que pour les Juifs.

3 *Le conflit le plus destructeur de l'Histoire*

▶ L'Europe est en ruine. Dans des milliers de villes, les usines, les infrastructures de transport, l'habitat sont détruits.

▶ **50 millions d'hommes sont morts**, dont 75 % d'Européens. Les civils, victimes de la sous-nutrition, des bombardements, des déportations, des massacres et des génocides constituent 50 % des décès.

▶ La terrible efficacité de la **bombe atomique** choque et effraie.

▶ En 1945, la **libération des camps** par les Alliés révèle l'insoutenable réalité de l'univers concentrationnaire et des génocides. Bouleversés, de nombreux hommes réalisent qu'un pas a été franchi dans le mépris de la dignité humaine.

▶ Les Alliés dénazifient l'Allemagne et jugent à Nuremberg les chefs nazis responsables de **crimes contre l'humanité**.

CONCLURE

Les nazis ont imposé leur implacable domination sur l'Europe et ont tenté d'anéantir les peuples juif et tzigane. Jamais l'humanité n'a connu semblable détermination dans l'exécution d'un tel crime.

? Quiz express

Cochez la ou les bonnes réponses.

12

Guerres mondiales et régimes totalitaires

1 *La Première Guerre mondiale : une guerre totale*

La Première Guerre mondiale est une guerre totale parce que :

☐ a. elle mobilise toutes les ressources
☐ b. elle s'étend au monde entier
☐ c. elle préserve toutes les libertés

2 *La révolution russe de 1917*

En 1917, le parti bolchevique est dirigé par :

☐ a. Staline ☐ b. Lénine ☐ c. Trotski

3 *Les régimes totalitaires stalinien et nazi*

Placez les numéros suivants dans le tableau.

1. la Gestapo 2. le communisme 3. Hitler 4. le Goulag 5. Staline 6. le parti nazi 7. le parti communiste 8. le nazisme

	URSS	Allemagne nazie
Une idéologie		
Un parti unique		
Un chef tout-puissant		
La terreur		

4 *Les principales phases de la Seconde Guerre mondiale*

	Vrai	Faux
1. En 1941, Hitler attaque l'URSS.	☐	☐
2. En 1943, Stalingrad est une victoire allemande.	☐	☐
3. À la fin de l'année 1941, les États-Unis et l'Axe sont en guerre.	☐	☐

5 *La Seconde Guerre mondiale : un désastre humain*

Le nombre de morts de la Seconde Guerre mondiale s'élève à :

☐ a. 75 millions ☐ b. 50 millions ☐ c. 8 millions

Corrigés !

Score : ... / 15

1 *La Première Guerre mondiale : une guerre totale*

Fiche 6

Réponses a. et b. Les hommes sont mobilisés au front. Les femmes le sont à l'arrière, chargées de l'économie dont l'État oriente les productions pour l'armée. La censure et la propagande suspendent les libertés.

2 *La révolution russe de 1917*

Fiche 7

Réponse b. Le parti bolchevique, dirigé par Lénine, est l'artisan la révolution d'Octobre, à laquelle Trotski contribue à la tête des Gardes rouges.

3 *Les régimes totalitaires stalinien et nazi*

Fiches 8 et 9

URSS :
2. le communisme. **7.** le parti communiste. **5.** Staline. **4.** le Goulag.

Allemagne nazie :
8. le nazisme. **6.** le parti nazi. **3.** Hitler. **1.** la Gestapo.
Les régimes totalitaires suppriment la démocratie et imposent leur idéologie. Un parti unique et un chef tout-puissant exercent un pouvoir dictatorial. La population est soumise par la propagande. La police politique (la Gestapo en Allemagne) applique la terreur de masse et isole les opposants dans des camps de concentration (le Goulag en URSS).

4 *Les principales phases de la Seconde Guerre mondiale*

Fiche 10

1. et 3. Vrai. Le 22 juin 1941, Hitler lance ses armées contre l'URSS et, le 7 décembre 1941, le Japon détruit la flotte américaine à Pearl Harbor. Les États-Unis sont désormais en guerre.
2. Faux. Le 2 février 1943, l'URSS contraint l'armée allemande à capituler à Stalingrad. C'est la première grande défaite allemande, un tournant dans la guerre.

5 *La Seconde Guerre mondiale : un désastre humain*

Fiche 11

Réponse b. Les morts de la Seconde Guerre mondiale sont pour 50 % des civils (bombardements, déportations, massacres, génocides), dont 6 millions de Juifs et 120 000 Tziganes.

Récap' express 13

Guerres mondiales et régimes totalitaires

LES IDÉES ESSENTIELLES

La Première Guerre mondiale (1914-1918)

▶ La Première Guerre mondiale se déroule en **trois phases** : une guerre de mouvement, une guerre de position, puis la reprise d'une guerre de mouvement.

▶ C'est une **guerre totale** : les États mobilisent l'économie, la population et les esprits. 8 millions d'hommes périssent.

▶ Avec la signature des traités de paix, l'**Allemagne** est **affaiblie** et de nouveaux États sont créés en Europe.

Les régimes totalitaires dans les années 1930

▶ **En Russie, Lénine** prend le pouvoir en 1917. Il établit une dictature et un contrôle de l'économie dans un contexte de guerre civile. Il souhaite instaurer une société communiste, sans classes sociales ni propriété privée.

▶ À partir de 1924, **Staline** s'impose **à la tête de l'URSS**. Il renforce la dictature et la soumission de la population. Il met en place une planification quinquennale et impose la collectivisation des terres.

▶ **En Allemagne, Hitler** accède légalement au pouvoir en 1933. Il met rapidement en place une dictature et, conformément à l'idéologie nazie, multiplie les mesures antisémites. Il oriente l'économie vers la guerre afin de préparer l'expansion de l'Allemagne.

La Seconde Guerre mondiale (1939-1945)

▶ La Seconde Guerre mondiale se déroule sur **deux grands théâtres d'opérations** : l'Europe-Afrique du Nord et l'océan Pacifique. Les puissances de l'Axe (Allemagne, Italie, Japon) remportent d'abord des succès nombreux et rapides. Puis, à partir de 1942, leur avance est stoppée et les défaites s'enchaînent jusqu'à la capitulation en 1945.

▶ C'est une guerre totale où chaque État mobilise toutes ses ressources pour gagner. C'est aussi une **guerre d'anéantissement** où la brutalité atteint des niveaux inégalés. Le conflit fait environ 50 millions de morts, dont 50 % de civils.

▶ Durant le conflit, l'Allemagne nazie organise le **génocide des Juifs et des Tziganes**, assassinés notamment dans les camps d'extermination.

LES DÉFINITIONS CLÉS

guerre totale	Mobilisation par les États en guerre de toutes leurs ressources pour soutenir l'effort de guerre.
génocide	Extermination volontaire et méthodique de tout un peuple. Pour désigner le génocide des Juifs, on emploie aussi le terme hébreu « Shoah » (catastrophe).
régime totalitaire	Régime politique dans lequel l'État tout-puissant impose une idéologie (communisme en URSS, nazisme en Allemagne) et exerce une emprise totale sur la population.
Goulag	Administration des camps de travail forcé où sont déportés, sous Staline, les Soviétiques qui n'adhèrent pas au régime.
crime contre l'humanité	Défini en 1945, lors des procès de Nuremberg, comme « l'assassinat, l'extermination, l'asservissement, la déportation et tout acte commis contre toute population civile pour des motifs politiques, raciaux ou religieux ».

Ré
ex

La guerre froide et le monde bipolaire (1945-1962)

14

? QUIZ p. 41

Comment, après 1945, le monde se partage-t-il en deux blocs antagonistes animés par les États-Unis et l'URSS ?

1 *Géopolitique du monde en 1945*

A Création et buts de l'ONU

▶ En juin 1945, l'**Organisation des Nations unies** est créée avec la signature par 51 États de la Charte des Nations unies.

▶ L'ONU a pour buts le maintien de la paix, la défense de l'autodétermination des peuples et des droits de l'Homme et le progrès social par le développement et la coopération.

B Les bouleversements de la géopolitique

▶ Diplomatiquement et économiquement, l'**Europe**, ruinée par la guerre, n'a plus qu'un rôle effacé.

▶ Les **États-Unis** demeurent la première puissance économique. Ils sont aussi les seuls à détenir l'arme atomique.

▶ L'**URSS** est très affaiblie. Mais, dans sa lutte contre le nazisme, le communisme a acquis un grand prestige.

2 *La naissance d'un monde bipolaire* (→ DÉPLIANT, III)

A La rupture de 1947

▶ Libérés des nazis par les Soviétiques, les États d'Europe de l'Est sont occupés par l'Armée rouge. L'URSS y impose des régimes communistes : des **démocraties populaires** dans lesquelles le parti communiste local est parti unique.

▶ Le président américain Truman, afin d'endiguer le communisme, propose une aide pour la reconstruction (**plan Marshall**) que seule l'Europe occidentale accepte.

B Les blocs économiques et militaires

▶ Le **bloc de l'Ouest** : les États-Unis et l'Europe occidentale forment l'OECE (Organisation européenne de coopération économique) et l'**OTAN** (Organisation du traité de l'Atlantique nord).

▶ Le **bloc de l'Est** : l'URSS et les démocraties populaires se regroupent dans le CAEM (Conseil d'aide économique mutuelle) et dans le **pacte de Varsovie.**

3 *La guerre froide*

A Une guerre indirecte

▶ La guerre froide est une période de **forte tension** entre les deux Grands. Ils s'affrontent indirectement.

▶ En 1950, la **Corée du Sud** (soutenue par l'ONU) est envahie par les troupes communistes de Corée du Nord (soutenue par l'URSS et la Chine). L'internationalisation du conflit menace la paix. La guerre (deux millions de morts) s'achève en 1953 par le rétablissement des frontières de 1950.

B La question allemande

▶ En 1945, les Alliés divisent l'Allemagne et Berlin en **quatre zones d'occupation** (→ DÉPLIANT, III).

▶ En 1948-1949, Staline isole Berlin-Ouest que Truman ravitaille par un pont aérien. Staline lève alors le **blocus.**

▶ En 1949 sont créées la République fédérale d'Allemagne (**RFA**), à l'ouest, et la République démocratique allemande (**RDA**), à l'est.

4 *Une détente fragile (1953-1962)*

▶ Après la mort de Staline (1953), le bloc de l'Est est fragilisé par des révoltes à Berlin-Est, en Pologne et en Hongrie. Khrouchtchev est favorable à la **coexistence pacifique**.

▶ Depuis 1949, trois millions d'Allemands de l'Est ont fui la RDA par Berlin-Ouest. Le 13 août 1961, les dirigeants de RDA édifient un **mur entre Berlin-Est et Berlin-Ouest**, le « mur de la honte ».

▶ Malgré la crise de 1962 (installation de fusées nucléaires soviétiques à **Cuba**), une crainte réciproque empêche les deux Grands de se servir de la bombe atomique et de missiles à longue portée. Un respect mutuel des sphères d'influence s'instaure.

CONCLURE

La menace réelle d'une guerre capable de détruire la planète conduit les deux Grands à une politique de détente.

La fin de la guerre froide et du monde bipolaire (1962-1991)

15

QUIZ p. 41

Quels bouleversements mettent fin à l'affrontement entre les États-Unis et l'URSS après 1962 ?

1 *L'apaisement : 1962-1975*

A La détente nécessaire

▶ Le **surarmement** contraint les deux Grands au respect mutuel. Ils dirigent des blocs plus fragiles. À l'Est, la Chine communiste se pose en rivale de l'URSS ; à l'Ouest, la France retire ses forces de l'OTAN.

▶ Les **accords SALT I** (1972) limitent les armes stratégiques.

▶ Par les **accords d'Helsinki** (1975), les deux blocs s'engagent à respecter les frontières de l'Europe et les droits de l'Homme.

B Des affrontements indirects

▶ Les États-Unis échouent au **Vietnam** Sud contre la guérilla communiste aidée par le Vietnam Nord, l'URSS et la Chine. Ils se retirent en 1973.

▶ **Israël**, soutenu par le bloc de l'Ouest, remporte les guerres des Six-Jours (1967) et du Kippour (1973) sur les pays arabes voisins soutenus par l'URSS.

2 *Un regain de tension : 1975-1985*

A Un équilibre plus fragile

▶ Les États-Unis perdent l'alliance de l'**Iran** après la prise du pouvoir par les musulmans intégristes (1979).

▶ En 1979, l'Armée rouge entre en **Afghanistan** pour défendre le régime communiste contre lequel la population résiste.

▶ L'URSS étend sa zone d'influence en Afrique, en Asie du Sud-Est et en Amérique centrale.

B Le surarmement

▶ Les **euromissiles** menacent l'Europe : les fusées soviétiques sont pointées sur les bases de l'OTAN, qui braque ses fusées sur l'URSS.

▶ En 1983, le président Ronald Reagan annonce la création d'un **bouclier spatial antimissile** au-dessus des États-Unis.

3 *L'effondrement du communisme et de l'URSS*

A Les réformes de Gorbatchev et leur échec

▶ En 1985, Mikhaïl Gorbatchev met en place une libéralisation progressive de l'économie (**perestroïka**), étayée par la **glasnost** (transparence) qui permet la liberté d'expression.

▶ Mais l'économie est déstabilisée. La pénurie et le chômage engendrent une **contestation du régime**.

B De l'apaisement à l'éclatement de l'URSS

▶ Gorbatchev recherche la **détente**, également souhaitée par les États-Unis : les euromissiles sont détruits (1987) et la réduction des armements stratégiques est décidée (1991). En 1989, les Soviétiques quittent l'Afghanistan.

▶ Encouragées par la politique de Gorbatchev, les **démocraties populaires** rejettent le rôle dirigeant du Parti communiste. Des élections libres et pluralistes ont lieu en Pologne, Hongrie, Tchécoslovaquie, Roumanie, Bulgarie et Yougoslavie.

▶ À **Berlin**, le « mur de la honte », édifié en 1961, est abattu le 9 novembre 1989. L'Allemagne est réunifiée en octobre 1990.

▶ Les réformes de Gorbatchev encouragent les **républiques d'URSS** à proclamer leur indépendance. Après la dissolution du Parti communiste, l'URSS cède la place à 15 États indépendants en décembre 1991.

4 *Un nouvel état du monde*

▶ Le rejet du communisme en Europe centrale et orientale et l'éclatement de l'ex-URSS désagrègent le bloc de l'Est : le pacte de Varsovie et le CAEM sont dissous. Les anciennes démocraties populaires d'Europe adoptent un **régime démocratique** et un **système économique capitaliste et libéral**.

▶ Elles se rapprochent de l'ancien bloc de l'Ouest. Elles le rejoignent avec **l'adhésion à l'OTAN et l'entrée dans l'UE**, en 2004, de 8 pays de l'ex-bloc de l'Est (→ DÉPLIANT, IV).

CONCLURE

La dislocation du bloc de l'Est a fait cesser l'antagonisme entre deux blocs, qui menaçait le monde.

La construction européenne (1957-1992) : la CEE

16

QUIZ p. 41

Pourquoi, en 1957, une organisation européenne voit-elle le jour ? Quelles étapes ont jalonné sa construction ? Quelles sont ses institutions ?

1 *Les origines de la CEE*

▶ Après la Seconde Guerre mondiale, bien qu'ayant appartenu à des camps opposés, six États d'Europe de l'Ouest (RFA, Belgique, Pays-Bas, Luxembourg, Italie et France) se rapprochent : Jean **Monnet**, Robert **Schuman** et le chancelier ouest-allemand Konrad **Adenauer**, les « pères de l'Europe », sont les artisans des premières institutions.

▶ Ils ont des motivations politiques communes : **préserver la paix** avant tout, supprimer les rivalités économiques et favoriser le développement.

▶ Les six États sont attachés aux valeurs de la **démocratie** (ce sont des monarchies parlementaires ou des républiques). Ils appartiennent au bloc de l'Ouest et adhèrent à l'OTAN.

▶ Ces six États sont tous membres de l'OECE et ils ont un système économique capitaliste et libéral. Ils souhaitent enrayer le déclin de l'Europe amorcé avec la Première Guerre mondiale, **reconstruire** l'Europe ruinée par la Seconde Guerre mondiale et former un **bloc économique** capable de faire contrepoids aux deux Grands.

2 *Naissance et approfondissement de la CEE*

A Les traités fondateurs

▶ En 1951, les six États créent la Communauté européenne du charbon et de l'acier (CECA) qui établit la libre circulation de ces produits entre ces pays.

▶ Le 25 mars 1957, les six États de la CECA signent deux **traités à Rome** qui créent :
– la Communauté économique européenne (CEE) dont l'objectif est la libre circulation des marchandises, des capitaux et des hommes entre les États membres ;
– la Communauté européenne de l'énergie atomique (CEEA) qui doit coordonner la production de l'énergie nucléaire.

B De nouvelles compétences

▶ En 1962, la Politique agricole commune (**PAC**) est mise en place.

▶ En 1968, l'union douanière réalise le **Marché commun**, établissant le libre-échange à l'intérieur de la CEE.

▶ La CEE tente d'harmoniser sa politique sociale pour établir une plus grande égalité entre les travailleurs et éviter des délocalisations. Une **Charte sociale européenne** (1989) affirme le droit à un salaire décent. Il n'existe pas de salaire minimum garanti européen.

C De nouveaux États membres (→ DÉPLIANT, IV)

La CEE s'ouvre au **Nord** en 1973, avec l'entrée du Royaume-Uni, de l'Irlande et du Danemark. Puis elle accueille des États du **Sud** : la Grèce en 1981, l'Espagne et le Portugal en 1986.

3 *Les institutions européennes*

▶ La **Commission européenne**, à Bruxelles, comprend des commissaires nommés par leur gouvernement. Elle propose des décisions au Conseil des ministres et, après leur vote par celui-ci, fait appliquer les directives et les règlements.

▶ Le **Conseil des ministres** de l'Union européenne réunit les ministres concernés par une décision (ex. : les ministres de l'Agriculture). Il vote les décisions proposées par la Commission.

> DATE CLÉ **En 1992, par le traité de Maastricht, la CEE devient l'Union européenne (UE).**

▶ Le **Conseil européen** réunit les chefs d'État et de gouvernement des pays membres. Il décide des grandes orientations.

▶ Le **Parlement européen**, à Strasbourg, comprend plus de 600 députés élus au suffrage universel direct. Il vote le budget et contrôle la Commission qu'il peut censurer.

▶ La **Cour de Justice**, à Luxembourg, est formée de juges nommés par les États. Elle veille au respect du droit communautaire et règle les litiges entre États membres.

CONCLURE

Lentement, la CEE se met en place. Elle étend ses compétences et accueille de nouveaux membres.

La décolonisation

17

(→ DÉPLIANT, V)

QUIZ p. 41

Pourquoi et comment, à partir de 1945, les peuples colonisés accèdent-ils à l'indépendance ?

1 Les causes de l'émancipation des colonies

Le prestige des Européens est affaibli par leurs défaites au cours de la Seconde Guerre mondiale. Ils ont promis des réformes en échange de la fidélité de certaines colonies pendant le conflit.

A La colonisation sécrète l'anticolonialisme

▶ En réaction à la présence étrangère et à l'exploitation économique, des **mouvements nationalistes** sont nés.

▶ Les **principes démocratiques**, diffusés par les métropoles mais en contradiction avec le système colonial, se retournent contre elles.

B Les appuis

▶ Les **États-Unis** (ex-colonie anglaise) souhaitent le triomphe de la démocratie. L'**URSS** et la **Chine**, hostiles à l'impérialisme, veulent étendre chacune leur propre vision du communisme.

▶ L'**ONU** défend la liberté des peuples et prend position contre le colonialisme.

2 La décolonisation en Asie (1947-1954)

A L'indépendance par la négociation

▶ En **Inde**, le parti du Congrès de Gandhi réclame l'indépendance. Des pourparlers s'engagent avec le Royaume-Uni. En 1919, Gandhi lance un mouvement non violent de désobéissance civile. Durant la Seconde Guerre mondiale, le parti du Congrès renforce son action.

▶ En 1947, l'indépendance est accordée. L'opposition entre hindous et musulmans entraîne la **partition** en deux États (Inde et Pakistan) : 12 millions de personnes sont déplacées.

B L'indépendance par la guerre

▶ Après une guerre, l'**Indonésie** (ex-Indes néerlandaises) accède à l'indépendance en 1949.

▶ En **Indochine**, de 1946 à 1954, la guerre oppose le Viêtminh, nationaliste et communiste, dirigé par Hô Chi Minh, à l'armée française. En 1954, après la défaite de Diên Biên Phu, la France reconnaît l'indépendance du Cambodge, du Laos et du Vietnam (divisé en deux États).

3 La décolonisation en Afrique (1954-1975)

A L'indépendance par la négociation

▶ En **Afrique**, les colonies britanniques accèdent à l'indépendance pacifiquement, sauf le Kenya. Après des troubles, le **Maroc** et la **Tunisie** obtiennent de la France leur indépendance (1956).

▶ En 1956, après des pourparlers, l'autonomie réclamée par des nationalistes modérés (Senghor au Sénégal) est accordée aux États d'**Afrique subsaharienne francophone**, au sein de l'Union française. En 1960, leur indépendance est acquise.

B La guerre d'Algérie (1954-1962)

▶ En Algérie vivent 8 millions d'Algériens musulmans et 1 million d'Algériens d'origine européenne. En 1954, le Front de libération nationale **(FLN)**, avec **Ben Bella**, réclame l'indépendance et préconise l'insurrection.

▶ Commence alors une guerre meurtrière dont sont aussi victimes les populations civiles. Aux actes de **guérilla** du FLN répondent des **représailles** de l'armée française.

▶ Le 13 mai 1958, l'émeute des Européens d'Alger, soutenue par des officiers français, entraîne la **chute de la IVe République**.

▶ **De Gaulle**, élu président de la République, se convainc peu à peu de la nécessité de l'indépendance. La population musulmane algérienne est favorable aux nationalistes et la population française métropolitaine est lasse de cette guerre.

▶ En mars 1962, les **accords d'Évian** prévoient le cessez-le-feu. Le 3 juillet 1962, l'indépendance est proclamée.

CONCLURE

En 1975, la décolonisation est presque achevée en Afrique et en Asie. La naissance de dizaines de pays africains et asiatiques bouleverse la géopolitique mondiale.

Géopolitique du monde actuel

18

(→ DÉPLIANT, VI)

QUIZ p. 41

Depuis la fin du monde bipolaire, quels nouveaux rapports de force les acteurs de la géopolitique ont-ils établis ?

1 *Les États-Unis, une superpuissance fragilisée*

A Une puissance sans égale

▶ Économiquement, culturellement et militairement, les États-Unis réunissent tous les critères de la **superpuissance**.

▶ Depuis l'effacement de la Russie, ils s'affirment les défenseurs du droit international et jouent le rôle de « gendarmes du monde ». En 1991, avec l'aval de l'ONU, ils dirigent la **guerre du Golfe**, libérant le Koweït occupé par l'Irak.

▶ Leur **forte influence** à l'ONU incite celle-ci à intervenir dans des conflits locaux où les populations s'affrontent dans des guerres d'une extrême violence (génocides au Rwanda en 1994, en Bosnie en 1995).

B Une puissance contestée

▶ Né à la fin du XXe siècle, l'**islamisme intégriste** veut instaurer dans les États musulmans un régime politique et une société régis par le Coran et les lois de l'islam.

> MOT CLÉ **L'intégrisme religieux** est la volonté d'appliquer strictement les règles religieuses traditionnelles en refusant toute évolution.

▶ Certaines organisations islamistes radicales pratiquent le **terrorisme**, visant à déstabiliser les gouvernements, au Maghreb, au Moyen-Orient, par des attentats et des prises d'otages. D'autres, comme Al-Qaïda qui rejette la superpuissance des États-Unis ainsi que l'existence de l'État d'Israël, multiplient les attentats contre les Occidentaux.

▶ Le **11 septembre 2001**, des terroristes d'Al-Qaïda frappent les États-Unis, visant les symboles de leur puissance militaire et politique à Washington et économique à New York où deux avions percutent les tours du World Trade Center, provoquant la mort de 3 000 personnes. L'événement montre que « l'hyperpuissance » américaine est vulnérable et qu'une politique mondiale unipolaire est un échec.

2 Les pays émergents

▶ Les **BRIC** (Brésil, Russie, Inde, Chine) sont des puissances démographiques et économiques majeures. La Russie est un élément clé de l'approvisionnement en hydrocarbures, la Chine domine le commerce international des biens industriels. L'Afrique du Sud est parfois associée à cet ensemble (alors appelé BRICS).

▶ Les BRIC disposent de l'arme atomique (à l'exception du Brésil) et entendent jouer un **rôle politique régional** : la Russie sur ses frontières en Asie centrale et au Caucase, la Chine en Extrême-Orient, le Brésil en Amérique latine, l'Inde face au Pakistan (doté lui aussi de l'arme atomique).

▶ Les BRIC veulent se faire entendre dans les **instances internationales**. La Russie et la Chine, membres permanents du Conseil de sécurité de l'ONU, contrent l'influence américaine. Le Brésil et l'Inde demandent à y entrer.

3 L'Union européenne

A Le renforcement de sa puissance

▶ Le traité de Maastricht (1992) crée un nouveau domaine communautaire : la **Politique étrangère et de sécurité commune** (PESC) permettant à l'UE de devenir un acteur majeur de la vie internationale.

▶ Première puissance mondiale, l'UE renforce sa **puissance économique** et financière, avec l'adoption d'une monnaie commune, l'euro, qui entre en circulation en 2002.

B Un rôle international fragile

La PESC suppose un **consensus** des États membres. Ce fut le cas en 2001 pour la guerre lancée par les États-Unis en Afghanistan. Cependant, lorsque les États-Unis, sans l'accord de l'ONU, ont envahi l'Irak en 2003, les intérêts nationaux des États l'ont emporté et l'UE ne put adopter une position commune.

CONCLURE

La gestion unipolaire du monde a montré ses limites. Des contrepoids à l'hyperpuissance des États-Unis s'imposent pour instaurer une gestion multipolaire plus équilibrée et faire face aux menaces pesant sur la sécurité mondiale.

Le Moyen-Orient : foyer de conflits 19

QUIZ p. 41

Pourquoi, depuis plusieurs décennies, le Moyen-Orient est-il une région de conflits ?

1 Le conflit israélo-palestinien

A L'origine du conflit

▶ En 1919, un « **foyer national juif** » est créé en Palestine, habitée alors par des Arabes.

▶ En 1947, le projet, établi par l'ONU, de partager la Palestine en **deux États** est rejeté par les Palestiniens et les États arabes qui refusent de reconnaître l'État d'Israël dès sa proclamation, en 1948.

B Les guerres israélo-arabes (1948-1973)

▶ En 1948-1949, Israël étend son territoire : 800 000 Palestiniens se réfugient dans les États arabes voisins. Les **deux Grands** ont des visées hégémoniques sur le Moyen-Orient, qui recèle la moitié des réserves de pétrole du monde et qui est une position clé du commerce est-ouest. Les États arabes ont le soutien de l'URSS et Israël celui des États-Unis.

▶ Les Palestiniens réclament la création d'un État. Ils sont défendus à partir de 1964 par l'**Organisation de libération de la Palestine** (OLP) qui recourt au terrorisme.

▶ En 1967 (guerre des Six-Jours), Israël occupe le Sinaï, la bande de Gaza, le Golan et la Cisjordanie. L'ONU exige, en vain, l'évacuation de ces **territoires occupés** qu'Israël conserve après la guerre du Kippour en 1973. En riposte, les pays exportateurs de pétrole (OPEP) quadruplent le prix du baril (premier choc pétrolier).

C L'extension et la persistance du conflit (depuis 1973)

▶ La présence de bases arrière de l'OLP déchire le **Liban** : la guerre civile entre chrétiens et musulmans (1975-1990) entraîne l'intervention de la Syrie (1976) puis d'Israël (1982).

▶ Dans les territoires occupés, Israël favorise l'installation de **colons**, suscitant le soulèvement des Palestiniens (première **Intifada** ou « guerre des pierres ») en 1987.

D Des espoirs de paix déçus

▶ En 1988, l'OLP rejette le terrorisme et se dit prêt à reconnaître Israël. Les **accords d'Oslo** sont signés en 1993 et en 1995 : Israël et l'OLP se reconnaissent mutuellement. Une Autorité palestinienne est créée en Cisjordanie, qu'Israël évacue en 1998.

▶ Malgré la **poursuite de négociations**, alternent encore violences (seconde Intifada en 2000, représailles de la part d'Israël) et relative accalmie avec l'évacuation de la bande de Gaza par Israël en 2005.

2 *Le Moyen-Orient, une poudrière ?*

A La lutte contre le terrorisme

▶ En octobre 2001, après les attentats du 11 septembre, les États-Unis et l'OTAN, avec l'aval de l'ONU, bombardent l'**Afghanistan** soupçonné d'abriter des bases d'Al-Qaïda et son chef Oussama **Ben Laden**. Celui-ci est tué en mai 2011.

▶ Sans l'accord de l'ONU, les États-Unis envahissent l'**Irak** accusé de détenir des armes non conventionnelles et d'abriter des terroristes. Le dictateur **Saddam Hussein** est exécuté.

▶ Les deux pays sombrent dans la **guerre civile**.

B Les espoirs déçus du printemps arabe

▶ En 2011, **en Égypte et en Libye**, les populations renversent les dictateurs. En Égypte, les élections portent au pouvoir les partis islamistes, qu'un coup d'État militaire renverse en 2013.

▶ En **Syrie**, l'opposition tente de renverser le président Bachar el-Assad. Mais les rebelles sont très désunis.

▶ En 2014, des frappes aériennes internationales, sous la conduite des États-Unis, tentent de briser l'expansion d'un mouvement islamiste qui s'est emparé d'une partie de l'Irak et de la Syrie.

CONCLURE

Le Moyen-Orient est déstabilisé par les aspirations territoriales antagonistes des nationalités, l'opposition entre les courants de l'islam, le terrorisme islamiste, les ambitions de grands États sur la région (Iran, Arabie saoudite), ainsi que les interventions, non dénuées d'intérêts économiques et politiques, des grandes puissances.

? Quiz express

Cochez la ou les bonnes réponses.

20

Une géopolitique mondiale depuis 1945

1 *La guerre froide et le monde bipolaire (1945-1962) : crises et détente*

	Vrai	Faux
1. Le mur de Berlin a été construit en 1948.	☐	☐
2. L'équilibre de la terreur contraint les deux Grands à la coexistence pacifique.	☐	☐

2 *L'effondrement du communisme et de l'URSS*

Entre 1989 et 1991 :

☐ **a.** le bloc de l'Ouest se désintègre

☐ **b.** le bloc de l'Est se désintègre

☐ **c.** de nouveaux États voient le jour

3 *La construction européenne*

	Vrai	Faux
1. La construction européenne a pour but de préserver la paix.	☐	☐
2. Les traités fondateurs créent la Communauté économique européenne (CEE) en 1957 et l'Union européenne (UE) en 1992.	☐	☐
3. Le Parlement européen siège à Bruxelles et la Commission européenne à Strasbourg.	☐	☐

4 *La décolonisation*

Reliez les États et leur date d'accession à l'indépendance.

1. Algérie	•	•	1956
2. Inde et Pakistan	•	•	1962
3. Maroc et Tunisie	•	•	1947

5 *Géopolitique du monde actuel*

	Vrai	Faux
1. Après 1991, les États-Unis dominent les relations internationales.	☐	☐
2. Actuellement, la domination américaine n'est pas contestée.	☐	☐
3. Le Moyen-Orient est une région de forte tension.	☐	☐

Corrigés !

Score : ... / 13

1 La guerre froide et le monde bipolaire (1945-1962) : crises et détente

Fiche 14

1. **Faux.** Le mur de Berlin est construit en 1961 par la RDA.
2. **Vrai.** L'armement atomique menaçant la survie de la planète, les deux Grands recherchent la détente.

2 L'effondrement du communisme et de l'URSS

Fiche 15

Réponses b. et c. Entre 1989 et 1991, les États d'Europe centrale et orientale et l'URSS rejettent le communisme. L'URSS éclate en 15 États ; l'Allemagne est réunifiée. Le bloc de l'Est est désintégré.

3 La construction européenne

Fiche 16

1. **et 2. Vrai.** La construction européenne a pour but la préservation de la paix par la coopération économique. Le traité de Rome (1957) crée la CEE et le traité de Maastricht (1992) crée l'UE.
3. **Faux.** Le Parlement européen siège à Strasbourg et la Commission européenne à Bruxelles.

4 La décolonisation

Fiche 17

1. Algérie : 1962.
2. Inde et Pakistan : 1947.
3. Maroc et Tunisie : 1956.

5 Géopolitique du monde actuel

Fiches 18 et 19

1. et 3. Vrai. 2. Faux. Après 1991, la Russie s'efface et les États-Unis prennent un rôle prépondérant. Après les attentats du 11 septembre 2001, ils lancent la lutte contre le terrorisme (guerres en Afghanistan en 2001, en Irak en 2003). Les pays émergents et l'UE contestent cette suprématie. Ils veulent établir un équilibre pour tenter de pacifier les régions de tension, en particulier au Moyen-Orient (conflit israélo-palestinien, islamisme et terrorisme).

Récap' express 21

Une géopolitique mondiale depuis 1945

LES IDÉES ESSENTIELLES

La guerre froide (1947-1991)

▶ Les crises se multiplient entre l'URSS et les États-Unis, donnant naissance à un **monde bipolaire** : blocus de Berlin-Ouest (1948-1949), guerre de Corée (1950-1953), construction du mur de Berlin (1961), crise de Cuba (1962).

▶ Le danger atomique contraint les deux Grands à la **détente** (1953-1975), ce qui n'exclut pas des guerres périphériques au Vietnam (1965-1975) et au Moyen-Orient. L'apaisement ne dure pas, le communisme s'étend et les deux Grands s'affrontent indirectement en Afghanistan (1979-1989). La course aux armements reprend.

▶ Les réformes de Gorbatchev suscitent la contestation. Cela conduit peu à peu, entre 1989 et 1991, au rejet du communisme dans les États satellites d'Europe, à la **chute du mur de Berlin** (ci-contre), à la dissolution du parti communiste d'Union soviétique et à l'éclatement de l'URSS. Le bloc de l'Est est désintégré.

La décolonisation en Asie et en Afrique (1947-1975)

Nouveaux États indépendants	Métropole concernée	Indépendance acquise par…
Inde et Pakistan (1947)	Royaume-Uni	négociations
Vietnam Nord et Sud, Cambodge et Laos (1954)	France	guerre (1946-1954)
Tunisie et Maroc (1956)	France	négociations
Afrique subsaharienne (1960)	France	négociations
Algérie (1962)	France	guerre (1954-1962)

La construction européenne (1957-1992)

▶ Pour préserver la paix et développer la coopération économique, six États signent les **traités de Rome** (1957) qui créent la Communauté économique européenne (**CEE**).

▶ La CEE prend le nom d'Union européenne (**UE**) par le **traité de Maastricht** (1992).

Géopolitique du monde actuel

▶ Un **monde multipolaire** voit le jour dans lequel l'UE et les BRIC tentent, avec la superpuissance américaine, de pacifier un monde instable.

▶ Depuis leurs bases au Moyen-Orient, des organisations islamistes radicales pratiquent le **terrorisme** (attentats du 11 septembre 2001 à New York, ci-contre). Malgré les interventions internationales en Afghanistan (2001) et en Irak (2003), le terrorisme reste une menace. Des mouvements islamistes tentent de s'imposer en Libye, en Syrie et en Irak (2014).

LES DÉFINITIONS CLÉS

bloc	Ensemble de pays liés par des alliances militaires et économiques.
guerre froide	Période de tension entre les deux Grands, au cours de laquelle des crises et des guerres périphériques alternent avec des périodes de détente.
guerre périphérique	Conflit localisé et indirect entre les deux Grands, qui s'affrontent par peuples interposés.
terrorisme	Forme de violence (attentats, prises d'otages) qui fait régner la peur au sein des populations afin de faire pression sur les gouvernements.

Ré

La République en France entre les deux guerres (1918-1939)

22

QUIZ p. 51

Comment la IIIe République s'adapte-t-elle aux bouleversements du début du XXe siècle ?

1 De la guerre à la paix (1914-1920)

▶ En 1914, pour conduire la guerre, tous les partis politiques soutiennent des gouvernements d'Union nationale ou d'**Union sacrée**. En 1917, la lassitude générale entraîne des mutineries et des grèves. Les ministres socialistes quittent le gouvernement et rompent l'Union sacrée.

▶ Après l'armistice du 11 novembre 1918, le Parlement débat de nouveau publiquement. Il ratifie le **traité de Versailles**, signé le 28 juin 1919. La France, dévastée par la guerre, se reconstruit.

▶ En 1919 et 1920, les gouvernements modérés doivent faire face à une forte **agitation sociale** qui, à l'exemple de la révolution russe, se développe en France.

▶ En décembre 1920, au **congrès de Tours**, le parti socialiste ou SFIO (Section française de l'Internationale ouvrière) se scinde en deux partis : le parti communiste, qui adhère à la IIIe Internationale et qui adopte un programme révolutionnaire, et la SFIO, qui conserve un programme réformiste.

2 La République en crise (1929-1936)

▶ En 1931, le commerce international est paralysé par une **grave crise économique** commencée en 1929. Les exportations françaises chutent, provoquant la surproduction, des faillites et le chômage de 300 000 personnes en 1933. Les revenus diminuent, engendrant un malaise social relayé par une contestation du régime politique.

▶ La multiplicité des partis politiques est source d'instabilité ministérielle. La succession de gouvernements inefficaces face à la crise fait naître l'**antiparlementarisme** qui réclame un exécutif fort.

▶ Des **ligues d'extrême droite** se créent : Jeunesses patriotes, Croix-de-Feu. Groupes de pression politiques, elles sont nationalistes, antiparlementaires et anticommunistes.

▶ À la suite de l'affaire Stavisky (scandale politico-financier), les ligues provoquent, le **6 février 1934**, une violente émeute que la gauche dénonce comme une tentative de coup d'État fasciste.

3 Le Front populaire (1936-1937)

A La victoire électorale du Front populaire

La IIIe Internationale recommande l'union de la gauche pour faire barrage au fascisme. Le **Front populaire**, alliance électorale, résume son programme par le slogan « Pain, Paix, Liberté ». Il emporte 63 % des sièges à la Chambre des députés en mai 1936.

MOT CLÉ **Le Front populaire regroupe le parti radical, la SFIO et le parti communiste. Celui-ci ne participe cependant pas au gouvernement de Léon Blum.**

B Les réformes sociales du Front populaire

▶ Le gouvernement du socialiste **Léon Blum** doit faire face à une grève générale, avec occupation des usines.

▶ Blum organise des négociations entre patronat et syndicats. Les **accords Matignon** (7 juin 1936) prévoient l'extension des conventions collectives et des augmentations de salaires.

▶ Ces mesures sont complétées par les lois sur la semaine de **40 heures de travail** et les **congés payés** (deux semaines). Les salariés saluent ces avancées sociales avec enthousiasme.

C Les difficultés du Front populaire

▶ L'inflation monétaire et les augmentations de salaires se répercutent sur les prix : l'économie stagne ; le chômage augmente. L'unité du Front populaire se fissure : Blum perd le soutien des radicaux et des communistes, et doit **démissionner**.

▶ Entre 1937 et 1939, les **modérés** reviennent au pouvoir. Devant la montée du péril nazi, le réarmement de la France est accéléré.

CONCLURE

Victorieuse en 1918, la France est fragile en 1939. Elle n'a pas résolu la crise économique, elle n'est pas prête militairement mais, contrairement à d'autres pays européens, la démocratie s'est maintenue durant l'entre-deux-guerres.

1940-1944 : l'effondrement de la République en France

23

QUIZ p. 51

Quels sont les aspects du régime de l'État français ?

1 La défaite de 1940

▶ En mai 1940, la France, attaquée par l'armée allemande, est rapidement et brutalement envahie jusqu'à la Loire. Devant la défaite militaire, le général **de Gaulle**, persuadé que la lutte n'est pas terminée, appelle à la résistance le 18 juin 1940. Le maréchal **Pétain**, alors chef du gouvernement, estime, quant à lui, qu'il faut négocier avec les vainqueurs.

▶ Le 22 juin 1940, la France signe à Rethondes un **armistice avec l'Allemagne**. La France est coupée en deux par la ligne de démarcation. Le Nord et les côtes occidentales sont occupés par l'armée allemande ; le Sud, la zone dite libre, est dirigé par Pétain.

▶ Le 10 juillet 1940, députés et sénateurs votent les pleins pouvoirs constituants au maréchal Pétain. Hostile à la démocratie et au parlementarisme, il instaure un **régime autoritaire et réactionnaire : l'État français**. Le mot « République » disparaît et la devise « Travail, Famille, Patrie » remplace celle de la République « Liberté, Égalité, Fraternité ».

2 L'État français

A Un régime de dictature

▶ Les libertés sont supprimées, les partis politiques sont dissous et les élections n'ont plus lieu. Pétain, chef de l'État français, établit une **dictature personnelle** et légifère par décrets.

▶ Les syndicats disparaissent et le droit de grève est interdit. Les prix et les salaires sont bloqués.

▶ L'État français exerce une **politique d'exclusion** : socialistes, communistes et francs-maçons sont traqués.

▶ Le régime de Vichy pratique une active **politique antisémite**. Dès 1940-1941, deux statuts des Juifs les excluent des fonctions électives et de certaines professions (enseignement, médias, professions libérales) et confisquent leurs entreprises. En 1942, ils doivent se faire recenser et porter l'étoile jaune.

B La révolution nationale

▶ Pétain veut créer un « **ordre nouveau** » et régénérer la France par un retour aux valeurs traditionnelles.

▶ Le travail de la terre, l'artisanat, la famille, la patrie et la nation sont exaltés par la **propagande**, diffusée en particulier par d'anciens combattants. La presse et la radio sont contrôlées et la jeunesse est éduquée dans le cadre des Chantiers de jeunesse.

3 La collaboration

A La collaboration d'État

▶ En octobre 1940, Pétain rencontre Hitler à Montoire et « entre dans la voie de la **collaboration** ». Imposé par l'occupant en 1942, le président du Conseil **Pierre Laval** « souhaite la victoire de l'Allemagne », victoire indispensable, selon lui, pour vaincre le bolchevisme. Il mène une active politique de coopération avec l'occupant.

▶ L'aide économique est accrue : Vichy envoie des travailleurs en Allemagne pour le Service du travail obligatoire (**STO**).

▶ À partir de 1942, l'État français participe aux **rafles des Juifs** (rafle du « Vélodrome d'hiver » le 16 juillet 1942) et laisse les Allemands déporter 85 000 Juifs en Allemagne.

▶ Des otages sont livrés à l'occupant. Une police spéciale, la **Milice**, appuie la Gestapo et traque les Juifs et les résistants.

B La chute du régime de Vichy

▶ Après le débarquement allié en Afrique du Nord (novembre 1942), l'armée allemande occupe toute la France qui devient un **État satellite du Reich**. Les Français qui, dans leur majorité, avaient fait confiance au maréchal Pétain en 1940 deviennent de plus en plus hostiles au régime de Vichy.

▶ En août 1944, avec la **Libération**, l'État français s'effondre.

CONCLURE

De 1940 à 1944, tandis que la France subit l'oppression de l'occupation allemande, la République est effacée par le régime de dictature de Vichy.

La Résistance et la refondation de la République

24

QUIZ p. 51

Quel est le rôle de la Résistance dans la Seconde Guerre mondiale ? Comment refonde-t-elle la République ?

1 *La Résistance*

A La Résistance extérieure

> DATE CLÉ Le 18 juin 1940, alors que Pétain a demandé à signer l'armistice, de Gaulle lance, de Londres, un appel à la résistance.

▶ Le général de Gaulle fonde la France libre, dotée d'un gouvernement et d'une armée, les **Forces françaises libres (FFL)**, qui combat aux côtés des Britanniques.

▶ Il est en contact avec des réseaux de la Résistance intérieure et s'adresse aux Français par la radio anglaise, la **BBC**.

B La Résistance intérieure

▶ En **zone dite libre**, des Français se regroupent en grands mouvements clandestins : Combat, Libération, Franc-Tireur.

▶ En **zone occupée** par les Allemands, des associations clandestines, très cloisonnées, se forment (Libération-Nord).

C L'unification de la Résistance

▶ **Jean Moulin** est chargé par de Gaulle d'unifier les différents mouvements de la Résistance intérieure.

▶ Il crée en mai 1943 le **Conseil national de la Résistance** (CNR), qui reconnaît de Gaulle comme chef de la Résistance.

2 *« L'armée de l'ombre »*

▶ Les résistants sont des **patriotes** qui veulent libérer la France. Ils sont attachés aux valeurs de la République contre le totalitarisme antisémite des nazis. Ils refusent le régime autoritaire de Vichy et la collaboration avec l'occupant.

▶ Nombre de **communistes** intègrent la Résistance, surtout après l'attaque de l'URSS par l'Allemagne nazie (22 juin 1941).

▶ Les résistants courent de très grands **dangers** : arrestations, tortures, déportations, exécutions.

▶ Organisés en **maquis** armés et en **réseaux** clandestins, les résistants harcèlent les forces d'occupation, sabotent les voies ferrées, organisent des évasions pour résistants ou Juifs en danger. Ils font contrepoids à la propagande en diffusant tracts et journaux. Ils renseignent les Alliés sur les dispositifs militaires de l'occupant.

3 Libération et refondation de la République

A La Libération

▶ En mars 1944, les différents réseaux se regroupent dans les **Forces françaises de l'intérieur** (FFI).

▶ Le 2 juin 1944, de Gaulle crée le **Gouvernement provisoire de la République française** (GPRF) qui comprend des représentants de toutes les composantes politiques de la Résistance.

▶ Dès le **débarquement en Normandie** (6 juin 1944), les FFL combattent avec les Alliés. Les FFI ralentissent l'envoi des renforts allemands. Devançant les Alliés, ils libèrent certains territoires. En réaction, l'armée allemande massacre des otages et détruit des maquis.

▶ Le 19 août 1944, les **Parisiens** se soulèvent, appuyés par la division des FFL du général Leclerc. Le 25 août 1944, l'armée allemande à Paris signe sa reddition.

B Le GPRF rétablit les valeurs républicaines

▶ Le GPRF restaure l'**État de droit**. Il envoie des « commissaires de la République » dans les départements et crée des tribunaux qui procèdent à une épuration des collaborateurs.

▶ Il rétablit le suffrage universel et **les femmes obtiennent le droit de vote** en 1944. Il engage des **réformes sociales et économiques** importantes : création de la Sécurité sociale, nationalisation des transports, de l'énergie et des banques.

▶ En octobre 1946, la Constitution de la **IVe République** est adoptée par référendum. Son préambule affirme de nouveaux droits sociaux : droit au travail, à la protection de la santé.

CONCLURE

Défendue par la Résistance, la République est « refondée » à la Libération. Selon de Gaulle, « elle n'avait jamais cessé d'être » à travers la France libre et la Résistance.

Quiz express

Cochez la ou les bonnes réponses.

25

La France d'une guerre à l'autre (1918-1946)

1 La République entre les deux guerres (1918-1939)

	Vrai	Faux
1. En 1918, la France est sous le régime de la IIIe République.	☐	☐
2. Le traité de Versailles est signé le 28 juin 1919.	☐	☐
3. Les ligues sont des partis politiques.	☐	☐

2 Le Front populaire (1936-1937)

Après la victoire des partis de gauche aux élections législatives de 1936 :

☐ a. le socialiste Léon Blum devient chef de l'État
☐ b. une grève générale est déclenchée
☐ c. deux lois réduisent le temps de travail

3 1940-1944 : l'effondrement de la République

Le régime mis en place par le maréchal Pétain :

☐ a. soutient la Résistance intérieure
☐ b. collabore avec l'occupant allemand
☐ c. met en place une politique antisémite

4 La Résistance

	Vrai	Faux
1. FFL signifie Forces françaises de Libération.	☐	☐
2. Jean Moulin crée le Conseil national de la Résistance.	☐	☐
3. FFI signifie Forces françaises d'intervention.	☐	☐

5 La refondation de la République (1944-1946)

Lesquelles de ces mesures sont adoptées par le GPRF ?

☐ a. Le rétablissement des lois de la République
☐ b. L'octroi du droit de vote aux citoyens à partir de 18 ans
☐ c. La création de la Sécurité sociale

Corrigés !

Score : ... / 12

1 La République entre les deux guerres (1918-1939)

Fiche 22

1. et 2. Vrai. En 1918, la France est sous le régime de la IIIe République (1870-1940). Le 28 juin 1919, le traité de Versailles est signé avec l'Allemagne.

3. Faux. Les ligues d'extrême droite sont des groupes de pression politiques.

2 Le Front populaire (1936-1937)

Fiche 22

Réponses b. et c. En mai 1936, le socialiste Léon Blum devient chef du gouvernement. Il doit faire face à une grève générale. Les lois de la semaine de travail de 40 heures et des congés payés sont votées.

3 1940-1944 : l'effondrement de la République

Fiche 23

Réponses b. et c. Le 10 juillet 1940, le maréchal Pétain met en place un régime autoritaire, l'État français. Ce régime collabore avec l'occupant allemand : aide économique, traque des Résistants et politique antisémite (les Juifs sont exclus de la société et raflés avec l'aide de la Milice).

4 La Résistance

Fiche 24

1. et 3. Faux. Les FFL sont les Forces françaises libres. Les FFI sont les Forces françaises de l'intérieur qui regroupent les réseaux de résistants en 1944.

2. Vrai. Jean Moulin unifie la Résistance intérieure et crée, en mai 1943, le Conseil national de la Résistance.

5 La refondation de la République (1944-1946)

Fiche 24

Réponses a. et c. Le GPRF (Gouvernement provisoire de la République française) restaure les lois de la République. Il réaffirme le suffrage universel (à partir de 21 ans) et l'étend aux femmes. Il engage des réformes sociales avec la création de la Sécurité sociale.

La fondation de la Ve République (1958-1965)

26

? QUIZ p. 61

Fondateur de la Ve République, quelle marque le général de Gaulle imprime-t-il aux institutions et à la politique du nouveau régime ?

1 La fondation de la Ve République

▶ Dans le contexte troublé de la crise du 13 mai 1958 (→ FICHE 17), et en l'absence d'une majorité parlementaire solide, l'opinion publique semble favorable à un retour au pouvoir du général **de Gaulle**. Par sa personnalité et son autorité, il apparaît seul capable de résoudre cette crise.

▶ Le 1er juin 1958, l'Assemblée nationale nomme de Gaulle président du Conseil et lui octroie les pleins pouvoirs constituants. C'est la **fin de la IVe République**.

▶ Le texte de la **Constitution de la Ve République**, élaboré par de Gaulle et des juristes, est approuvé par 79 % des Français lors d'un référendum en octobre 1958. En décembre 1958, de Gaulle est élu président de la République par un collège de grands électeurs.

2 Un régime semi-présidentiel

A Le pouvoir présidentiel renforcé

▶ Tout en maintenant le régime parlementaire, la Constitution de 1958 dote le président de pouvoirs très étendus. Il peut **dissoudre l'Assemblée nationale** et consulter le peuple par **référendum**.

▶ En cas de crise grave, il dispose de pouvoirs exceptionnels (article 16).

B Une relation directe avec les Français

▶ Le recours au référendum permet un exercice direct de la souveraineté nationale. Par des **messages télévisés**, des conférences de presse, de Gaulle explique et justifie sa politique.

▶ Afin de renforcer la légitimité du président par son **élection au suffrage universel direct**, de Gaulle soumet cette réforme au référendum en 1962. Elle est approuvée par 62 % des électeurs.

C La bipolarisation de la vie politique

L'élection des députés au scrutin uninominal majoritaire à deux tours favorise les grands partis politiques. La vie politique est alors dominée par **deux grandes tendances**, la droite et la gauche. L'opposition est désunie et les partis gaullistes disposent d'une majorité et de gouvernements stables.

3 *Une France puissante et indépendante*

A La prospérité économique

▶ L'essor économique est important (**croissance de 5 % par an**). Un franc fort est créé avec le nouveau franc en 1959.

▶ **La France s'équipe** de centrales nucléaires et développe les réseaux de transport. Afin de réduire les déséquilibres régionaux, la Délégation à l'aménagement du territoire et à l'action régionale (DATAR) est fondée en 1963.

▶ Le niveau de vie augmente et la population entre dans l'ère de la **société de consommation**. Mais des inégalités demeurent, corrigées partiellement par la politique sociale : le relèvement du salaire minimum interprofessionnel garanti (**SMIG**) et la scolarité obligatoire jusqu'à 16 ans, en 1959.

B L'affirmation de l'indépendance nationale

▶ De Gaulle souhaite une **France forte**, affranchie du monde bipolaire et de l'influence des États-Unis.

▶ La France se dote en 1960 de la **bombe atomique**. Elle retire ses troupes de l'OTAN, mais reste membre de l'Alliance atlantique.

▶ De Gaulle pratique une politique d'**accords bilatéraux** et approfondit le dialogue avec la RFA, noué dès 1962. Il se rapproche de l'URSS et reconnaît la Chine en 1964.

▶ Il souhaite une « **Europe des nations** » et refuse une Europe supranationale qui soumettrait la France à ses institutions.

CONCLURE

En 1965, la France a retrouvé une stabilité politique. Elle s'est dotée de solides institutions, a mis en place d'importants moyens de développement économique et a acquis une place de premier plan dans le monde.

La fin des années de Gaulle (1965-1969)

27

QUIZ p. 61

Pourquoi, après avoir établi et exercé un pouvoir présidentiel fort, de Gaulle démissionne-t-il de son second mandat ?

1 Des signes de fragilité

A Un malaise social latent

▶ L'activité économique marque un ralentissement. Les inégalités sociales se creusent. Le **chômage** augmente. En 1967, un système d'allocations-chômage est créé.

▶ Le climat social est tendu. **Grèves** et manifestations traduisent l'inquiétude des milieux professionnels qui connaissent des difficultés d'adaptation : les mines, le textile, l'agriculture.

B L'usure du pouvoir

▶ Par des **taux d'abstention** importants aux élections, les Français marquent un certain désintérêt pour la vie politique.

▶ La gauche commence à se regrouper autour de **François Mitterrand**. La popularité de De Gaulle s'effrite. En 1965, il est mis en ballottage au premier tour de l'élection présidentielle, puis est élu au second tour avec 55 % des voix, face à Mitterrand.

▶ Aux élections législatives de 1967, les gaullistes ne disposent que d'une majorité relative à l'Assemblée nationale et doivent composer avec les partis du centre qui s'organisent autour de **Valéry Giscard d'Estaing**.

2 La crise de mai 1968

Elle comprend trois phases : étudiante, sociale et politique.

A La phase étudiante

▶ La crise débute par des mouvements de **contestation** d'étudiants qui aspirent à plus de libertés individuelles et collectives. Ils remettent en cause la société de consommation, les inégalités sociales et les institutions.

▶ Les universités font grève et, lors de **manifestations**, étudiants et forces de l'ordre s'affrontent violemment.

B La phase sociale

▶ La crise gagne le monde du travail. La France est paralysée par une **grève générale** avec occupation d'usines pendant un mois.

▶ Le Premier ministre Georges Pompidou signe avec les syndicats les **accords de Grenelle** qui prévoient des augmentations de salaires et un exercice plus libre du droit syndical dans les entreprises.

C La phase politique

La gauche, avec Pierre Mendès-France et Mitterrand, réclame le départ de De Gaulle et se pose en recours. De Gaulle annonce fermement qu'il ne se retirera pas. Il dissout l'Assemblée nationale et, aux **élections de juin 1968**, les Français, inquiets du désordre, votent massivement pour les gaullistes qui obtiennent 55 % des sièges.

3 *Un mandat inachevé*

A Les conséquences des événements de mai 1968

▶ Au sein des entreprises, un nouvel état d'esprit prévaut, la **concertation** se développe.

▶ La société a tendance à rejeter l'ordre ancien et à revendiquer de **nouvelles libertés**, individuelles et collectives.

B La démission de De Gaulle

▶ L'autorité de De Gaulle est ébranlée. En 1969, il propose aux Français un référendum sur la régionalisation et sur la réforme du Sénat, en annonçant qu'il quittera le pouvoir si le « non » l'emporte. Le 28 avril 1969, **53 % des Français votent « non »** : de Gaulle démissionne.

▶ Par l'exercice d'un pouvoir présidentiel fort, de Gaulle a marqué durablement le fonctionnement des institutions de la Vᵉ République.

CONCLURE

Un gaulliste, Georges Pompidou (1969-1974), puis un centriste, Valéry Giscard d'Estaing (1974-1981), succèdent à de Gaulle avant l'élection à la présidence du socialiste François Mitterrand, en 1981.

La Vᵉ République depuis 1981

28

QUIZ p. 61

Depuis 1981, pourquoi gauche et droite alternent-elles au pouvoir ?

1 L'alternance : la présidence de Mitterrand (1981-1995)

A Le premier mandat de Mitterrand (1981-1988)

▶ En 1981, avec les élections de François Mitterrand et d'une Assemblée nationale socialiste, la gauche accède au pouvoir, détenu depuis 23 ans par la droite : c'est **l'alternance**.

▶ En 1981-1982 sont prises les **mesures du « changement »**. Le SMIC et les allocations familiales sont augmentés pour relancer la consommation. De grands groupes bancaires et industriels sont nationalisés.

> MOT CLÉ Les mesures du « changement » sont la suppression de la peine de mort, la semaine de 39 heures, la 5ᵉ semaine de congés payés et la retraite à 60 ans.

▶ En 1982, le chômage croissant et l'inflation obligent le gouvernement à appliquer une **politique de rigueur** fort impopulaire (blocage des prix et des salaires).

▶ En 1986, la droite l'emporte aux élections législatives. Mitterrand, président de gauche, doit nommer un Premier ministre de droite, **Jacques Chirac**. C'est la première cohabitation.

B Le second mandat de Mitterrand (1988-1995)

▶ Pour une plus grande solidarité, Michel Rocard crée le **revenu minimum d'insertion** (RMI).

▶ La mondialisation fragilise l'économie et le chômage augmente.

▶ Aux élections législatives (1993), la droite l'emporte (deuxième cohabitation). Le Premier ministre de droite, **Édouard Balladur**, applique une politique de rigueur.

2 La 2ᵉ alternance : la présidence de Chirac (1995-2007)

A Le premier mandat de Chirac (1995-2002)

▶ En 1995, commence la **deuxième alternance** avec l'élection à la présidence de la République du candidat de droite, Jacques Chirac. En 1997, il supprime la conscription obligatoire.

▶ En 1997, Chirac dissout l'Assemblée nationale. La gauche l'emporte et le socialiste **Lionel Jospin** devient Premier ministre : c'est la troisième cohabitation. Entre les deux chefs du pouvoir exécutif, les divergences sont manifestes sur la **semaine de 35 heures** de travail (2000).

▶ En 2000, les Français approuvent par référendum la **réduction de la durée du mandat présidentiel** de sept à cinq ans, pour que celui-ci soit le même que celui des députés.

B L'élection présidentielle de 2002

▶ Depuis la fin des années 1990, on observe des taux d'abstention croissants ainsi qu'une **progression de l'extrême droite** avec le Front national (FN), au programme nationaliste et défavorable à l'UE.

▶ Lors de l'élection présidentielle de 2002, le candidat du FN, Jean-Marie Le Pen, est **présent au second tour**. Après des manifestations de défense des valeurs républicaines, 82 % des électeurs élisent Chirac.

C Le second mandat de Chirac (2002-2007)

La **décentralisation** est relancée, la lutte contre le chômage se poursuit et une réforme des retraites est adoptée.

3 Le mandat de Sarkozy (2007-2012) et la 3e alternance (2012)

▶ Nicolas Sarkozy lance de nombreuses réformes : retraites, éducation, justice, politique d'immigration plus restrictive… Ses tentatives d'assainissement des finances publiques échouent, interrompues par un ralentissement de la croissance (2007) et une **crise financière mondiale** (2008).

▶ En 2012, les Français élisent un président socialiste, **François Hollande**. Commence alors la troisième alternance.

CONCLURE

De 1981 à 2012, l'alternance de la droite et de la gauche au pouvoir atteste la solidité des institutions et révèle une forme de contestation du pouvoir en place par les électeurs, inquiets des difficultés économiques et sociales que droite et gauche tentent difficilement de résoudre.

La société française sous la Ve République

29

QUIZ p. 61

Depuis 55 ans, quelles réponses législatives la Ve République apporte-t-elle à certaines évolutions de la société ?

1 *L'immigration en France : histoire et enjeux*

A Des flux européens aux flux mondiaux

▶ Entre les deux guerres mondiales, des **Européens** (Belges, Espagnols, Italiens, Portugais) viennent pourvoir les besoins de la France en main-d'œuvre. Ils s'intègrent en une ou deux générations.

▶ Après 1945, pendant les **Trente Glorieuses**, la France manque de main-d'œuvre non qualifiée. L'Office national de l'immigration (ONI) organise la venue de **travailleurs africains** (Maghreb, Afrique noire francophone). Nombre d'entre eux, sans formation professionnelle, travaillent dans l'industrie, le bâtiment ou le secteur tertiaire. Ils participent à la croissance.

B Une immigration restreinte

▶ À partir de 1974, le **ralentissement de la croissance** (1 à 2 % par an), ponctué de phases de récession, bouleverse l'économie.

▶ Les délocalisations et la concurrence mondiale entraînent une **désindustrialisation** et un déclin du secteur secondaire (40 % des actifs en 1970, 22 % en 2000).

▶ Le ralentissement de la croissance, à partir de 1974, crée un **chômage** chronique (4 % des actifs en 1974 et 9 % en 2013) qui frappe des travailleurs non qualifiés, des immigrés, des femmes, des seniors.

▶ **L'immigration est officiellement arrêtée** en 1974. En diminution, les flux d'immigrants sont constitués des proches des immigrés au titre du regroupement familial, des ressortissants de l'UE et des réfugiés politiques.

▶ Aujourd'hui, la population étrangère représente **5,8 % de la population totale**. L'immigration est limitée et choisie en fonction des besoins de main-d'œuvre. Elle est également restreinte en raison de la question à la fois politique, sociale et humaine de l'intégration parfois difficile des immigrés.

2 *Une société en évolution*

A Le contrôle de la fécondité

▶ À partir des années 1960, les **mouvements féministes** revendiquent de nouveaux droits pour les femmes afin qu'elles puissent maîtriser leur fécondité et ses impacts sur leur vie personnelle et professionnelle.

▶ La **contraception orale** (pilule anticonceptionnelle) est autorisée en 1967.

▶ En 1974, la ministre de la Santé Simone Veil défend un projet de loi légalisant l'interruption volontaire de grossesse (**IVG**) jusque-là punie pénalement. La société française est très partagée sur ce sujet qui provoque de vifs débats. En 1975, la loi Veil autorise l'avortement en milieu hospitalier, tout en affirmant la liberté de conscience pour les praticiens.

B De nouvelles structures familiales

▶ Si l'attachement au modèle de la famille traditionnelle reste important, la cellule familiale revêt maintenant de multiples formes. Les **mariages** sont de moins en moins nombreux. Les **divorces** (dont la procédure a été assouplie par une loi de 1975) sont de plus en plus fréquents avec pour conséquence l'augmentation du nombre de familles monoparentales (des femmes seules dans 90 % des cas) et de familles recomposées.

▶ En 1999, au nom de l'égalité, des groupes de pression homosexuels demandent la reconnaissance officielle des unions homosexuelles. Le sujet divise l'opinion publique. La loi crée le **PACS** (pacte civil de solidarité) qui accorde aux signataires les mêmes droits qu'aux couples mariés (avantages fiscaux, réversion de retraite, succession).

▶ En 2013, la loi Taubira autorise le **mariage homosexuel** et l'adoption d'enfants par des couples homosexuels. Sur ce dernier point, l'opposition est forte, se traduisant par des manifestations.

CONCLURE

Transformations de la structure de la population, évolutions des mœurs et des valeurs, la Ve République accompagne ces changements en apportant des réponses législatives.

? Quiz express 30

Cochez la ou les bonnes réponses.

Vie politique et société en France sous la Ve République

1 Les années de Gaulle

	Vrai	Faux
1. La Constitution de la Ve République renforce le pouvoir présidentiel.	☐	☐
2. À partir des années 1960, la France développe le nucléaire civil et militaire.	☐	☐
3. En mai 1968, de Gaulle démissionne.	☐	☐

2 François Mitterrand, président de la Ve République

Lesquelles de ces mesures Mitterrand a-t-il fait adopter ?

☐ a. L'abolition de la peine de mort

☐ b. La nationalisation de grandes banques et entreprises

☐ c. La réduction du temps de travail à 35 heures par semaine

3 Jacques Chirac, président de la Ve République

	Vrai	Faux
1. En 1997, Chirac dissout l'Assemblée nationale.	☐	☐
2. En 2002, il est réélu face à Jospin.	☐	☐

4 Les présidents de la Ve République

Indiquez dans le tableau les dates du ou des mandat(s) de ces présidents de la Ve République (donnés dans le désordre).

J. Chirac		N. Sarkozy	
Ch. de Gaulle		F. Mitterrand	

5 La société française sous la Ve République

Depuis les années 1970, la société française a connu :

☐ a. l'essor du secteur secondaire

☐ b. la limitation de l'immigration

☐ c. de nouveaux droits accordés aux femmes

Corrigés

Score : ... / 13

1 Les années de Gaulle

Fiches 26 et 27

1. et 2. Vrai. Le président de la Vᵉ République peut dissoudre l'Assemblée nationale et consulter le peuple par référendum. De Gaulle veut une France économiquement forte (centrales nucléaires) et politiquement indépendante en la dotant de la bombe atomique.

3. Faux. La crise politique de mai 1968 s'achève avec la dissolution de l'Assemblée nationale par de Gaulle. Celui-ci démissionne en 1969.

2 François Mitterrand, président de la Vᵉ République

Fiche 28

Réponses a. et b. Mitterrand fait voter les mesures du changement, dont l'abolition de la peine de mort, la nationalisation de grandes banques et entreprises et la semaine de 39 heures.

3 Jacques Chirac, président de la Vᵉ République

Fiche 28

1. Vrai. En 1997, après la dissolution de l'Assemblée nationale s'ouvre une période de cohabitation entre Chirac et Jospin.

2. Faux. En 2002, au 2ᵉ tour de l'élection présidentielle, Chirac est opposé au candidat d'extrême droite, Le Pen.

4 Les présidents de la Vᵉ République

Fiches 26, 27 et 28

Ch. de Gaulle (1958-1969) ; F. Mitterrand (1981-1995) ; J. Chirac (1995-2007) ; N. Sarkozy (2007-2012).

5 La société française sous la Vᵉ République

Fiche 29

Réponses b. et c. Les difficultés économiques entraînent une désindustrialisation (recul du secteur secondaire) et un chômage chronique. L'immigration de travailleurs étrangers est alors stoppée (1974). Les femmes obtiennent de nouveaux droits pour contrôler leur fécondité (contraception orale, IVG).

Récap' express 31

La vie politique et sociale en France

LES IDÉES ESSENTIELLES

La France entre les deux guerres mondiales

- Dans les **années 1930**, la IIIe République est ébranlée par une **crise** économique, sociale et politique (antiparlementarisme).
- En 1936, le **Front populaire** adopte de grandes réformes sociales (loi des 40 heures, congés payés).

La France dans la Seconde Guerre mondiale : effondrement et refondation de la République

- Après la défaite de juin 1940, la IIIe République s'effondre. Entre 1940 et 1944, la France vit sous un régime autoritaire, réactionnaire, collaborationniste et antisémite : l'**État français**, dirigé par le maréchal **Pétain**.

- La Résistance s'organise : à l'extérieur, la **France libre** est dirigée par le **général de Gaulle** ; à l'intérieur, différents mouvements sont unifiés par **Jean Moulin** (ci-contre) en 1943.
- En juin 1944, de Gaulle dirige le Gouvernement provisoire de la République française (**GPRF**) qui participe à la Libération, rétablit l'autorité de l'État et « refonde » la République (la **IVe République**) en 1946.

La République gaullienne (1958-1969)

En 1958, le conflit algérien entraîne la chute de la IVe République et la création de la **Ve République.** Son premier président, de Gaulle (1958-1969), vise à faire de la France une grande puissance économique et militaire, indépendante sur la scène internationale. Ébranlé par la **crise de mai 1968**, de Gaulle démissionne en 1969.

La Ve République depuis 1981 : alternances et cohabitations

▶ Gauche et droite se succèdent au pouvoir (**alternance**) et à trois reprises exercent le pouvoir exécutif ensemble (**cohabitation**).

▶ En 1981, **Mitterrand** (ci-contre) adopte des « mesures du changement » (suppression de la peine de mort, retraite à 60 ans…).

▶ De 1995 à 2012, la droite revient au pouvoir avec les présidents **Chirac** puis **Sarkozy**. En 1997, Chirac partage le pouvoir exécutif avec le socialiste Jospin. En 2012 commence une nouvelle alternance avec l'élection du socialiste **Hollande**.

▶ Les problèmes économiques (**crises** financières, inflation, dette publique, déficit du commerce extérieur) dominent la vie politique. Le **chômage** et la précarité augmentent.

La société française sous la Ve République

La société connaît de **profondes mutations**. L'immigration est limitée, les femmes ont de plus en plus de droits, de nouvelles structures familiales apparaissent.

LES DÉFINITIONS CLÉS

alternance	Accession au pouvoir d'un président de la République ou d'une majorité parlementaire d'une tendance politique opposée à celle qui a précédé.
cohabitation	Situation politique dans laquelle le président de la République et le gouvernement (issu de la majorité parlementaire) sont de tendances politiques opposées.
nationalisation	Transfert d'une entreprise du secteur privé au secteur public.

Le territoire national et sa population

32

(→ DÉPLIANT, VII)

QUIZ p. 75

Par son dynamisme démographique et ses contrastes de peuplement, la France constitue un cas original en Europe. Quelles sont les évolutions spatiales et démographiques de la population française ?

1 *Une population inégalement répartie*

A Des densités de population variables

▶ Avec une densité de 115 hab./km^2, la France métropolitaine est un pays assez densément peuplé. La population est cependant très inégalement répartie sur le territoire : les **fortes densités** (plus de 500 hab./km^2) correspondent aux grandes **aires urbaines**, souvent localisées dans les vallées fluviales et sur les littoraux (région parisienne, Alsace-Lorraine, vallée du Rhône, littoral méditerranéen et atlantique).

▶ Inversement, les Alpes, le Jura et une **diagonale de faible densité** (moins de 25 hab./km^2) allant des Ardennes aux Pyrénées, forment la « France du vide ».

B Le peuplement s'explique par l'histoire

▶ Au XIXe siècle, l'industrialisation a poussé les habitants des campagnes vers les villes du nord et de l'est de la France (**exode rural**).

▶ L'**urbanisation** s'est poursuivie tout au long du XXe siècle, vidant les territoires les plus isolés. Enfin, le développement d'une agriculture nécessitant peu de main-d'œuvre (Bassin parisien, Champagne) explique le faible peuplement.

2 *Une population de plus en plus mobile*

A À l'échelle nationale

▶ À l'échelle de la France, la carte des **soldes migratoires** oppose les régions du Sud et de l'Ouest, attractives, aux régions du Nord et du Nord-Est qui perdent des habitants.

▶ L'attractivité du Sud, aussi appelée **héliotropisme**, s'explique par la proximité de la mer, l'ensoleillement et surtout le développement des activités comme le tourisme ou le tertiaire supérieur autour et au sein des grandes agglomérations.

▶ À l'opposé, les régions du Nord et de l'Est souffrent de **désindustrialisation** et de la fermeture des derniers bassins sidérurgiques. Quant à l'Île-de-France, même si elle continue d'attirer de jeunes actifs, elle perd les personnes âgées qui vont vers le sud ou les familles qui fuient les problèmes de logement et de transport.

B À l'échelle régionale et locale

▶ Les Français deviennent de plus en plus mobiles. Environ 2 % d'entre eux changent de région au cours d'une année. Les **mobilités** quotidiennes sont également très importantes puisqu'elles concernent plus de 60 % des actifs du fait de l'éloignement croissant entre le lieu de résidence et celui du travail.

▶ Même si la **périurbanisation** se poursuit, on assiste à un renouveau de l'attractivité des centres-villes (sauf Paris) en raison de la rénovation et de la réhabilitation des quartiers anciens : on parle de « **gentrification** ».

> MOT CLÉ **La gentrification d'un quartier correspond à l'arrivée dans celui-ci d'une population plus aisée que celle présente à l'origine.**

3 Les dynamiques démographiques

▶ En 2013, **65,8 millions d'habitants** peuplent la métropole et les départements d'outre-mer. En 2012, la population a augmenté de 0,47 %. Le taux de fécondité est parmi les plus élevés d'Europe, même si l'âge de la maternité recule (30 ans pour un premier enfant).

▶ Si la population française continue de vieillir, la situation actuelle de la fécondité, à **2,01 enfants par femme**, est plutôt satisfaisante. Elle est due à la politique de la petite enfance (constructions de crèches), à des mesures fiscales (allocations familiales) et au dynamisme démographique des immigrés.

▶ À la naissance, les femmes peuvent espérer vivre jusqu'à 84,8 ans en moyenne et les hommes jusqu'à 78,4 ans. L'**espérance de vie** continue de s'allonger du fait des progrès de la médecine, d'un système de santé performant et de la prise en charge des personnes âgées.

CONCLURE

Le peuplement du territoire français est inégal.
Ce peuplement évolue sous l'effet des migrations intérieures et de la croissance démographique.

Habiter la France : les aires urbaines

33

? QUIZ p. 75

Quelles sont les dynamiques de l'urbanisation sur le territoire français ? Comment affectent-elles les espaces ruraux ?

1 *La France, un territoire d'urbains* (→ DÉPLIANT, VII)

A Les Français vivent en majorité dans une aire urbaine

▶ Aujourd'hui, une ville ne se définit plus par son nombre d'habitants. Elle intègre désormais les espaces dans lesquels les populations ont un **mode de vie urbain** : elles y travaillent, s'y déplacent mais n'y résident pas toujours.

▶ 82 % de la population française vit dans une des 41 aires urbaines de France, c'est-à-dire un espace constitué d'un **pôle urbain** (ou agglomération) et d'une **couronne périurbaine** (communes dont au moins 40 % des résidents travaillent dans le pôle urbain).

B L'urbanisation du territoire s'accompagne d'une métropolisation

▶ L'urbanisation s'accompagne d'un regroupement des fonctions de commandement et de services très diversifiés (formation, recherche, administrations, santé). Ce processus se nomme la **métropolisation** et se développe dans les villes engagées dans la compétition européenne et mondiale : Paris, Lille, Strasbourg, Marseille et Lyon.

▶ **Paris domine l'armature urbaine** : avec près de 10 millions d'habitants, c'est la seule métropole française de rang mondial. Il n'y a ensuite que trois métropoles de plus d'un million d'habitants : Marseille, Lyon et Lille. Cette centralisation est ancienne.

▶ D'autres **métropoles régionales**, entre 100 000 et un million d'habitants, encadrent leur espace régional : Toulouse, Strasbourg, Bordeaux, Rennes, Montpellier. Les villes moyennes (moins de 20 000 habitants) sont en recul mais proposent des services quotidiens de proximité (commerces, professions libérales) et abritent 50 % des urbains.

2 L'étalement spatial des villes : la périurbanisation

A L'étalement urbain

▶ L'attrait pour un meilleur cadre de vie, la hausse des prix de l'immobilier des centres-villes et le développement des moyens de transport ont entraîné l'étalement des villes : on parle de **périurbanisation**. La croissance urbaine s'étend jusqu'à 25 km du centre pour les villes moyennes, jusqu'à 60 km pour les métropoles régionales et plus de 100 km pour Paris.

▶ Les espaces les plus éloignés des villes sont peuplés de « **néoruraux** », c'est-à-dire d'anciens citadins venus s'installer loin des centres où ils continuent de travailler.

▶ L'extension des villes est à l'origine de nouvelles dynamiques : les communes périurbaines ont surtout une **fonction résidentielle** et abritent des espaces spécialisés (zones industrielles) mais aussi des équipements lourds (stations d'épuration, usines). De nouveaux centres urbains émergent autour des parcs de loisirs ou des aéroports.

B Une mobilité accrue des habitants

▶ Grâce aux transports à grande vitesse et aux voies rapides, les **distances-temps** se sont réduites et les espaces traversés quotidiennement par les Français se sont étendus (43 km en moyenne). Les résidences secondaires, l'attrait pour la nature et le « tourisme vert » dynamisent les espaces ruraux les mieux desservis par les moyens de transport ou proches des grandes villes.

▶ Aujourd'hui, l'étalement urbain pose problème : il grignote les espaces ruraux où des **conflits** éclatent entre les agriculteurs et les néoruraux à la recherche de terrains. Il entraîne des pollutions atmosphériques et des coûts très élevés en infrastructures de transport.

CONCLURE

La population française est essentiellement urbaine. Ce processus d'urbanisation s'est accompagné du renforcement du poids des métropoles et de l'essor des mobilités spatiales. Les aires urbaines sont de plus en plus étalées et intègrent des espaces ruraux qui se dynamisent.

Ressources et contraintes du territoire français

34

(→ DÉPLIANT, VIII)

? QUIZ p. 75

Quelles potentialités offre le territoire français ?

1 *Les ressources du territoire français*

A Une situation géographique privilégiée

▶ La France est située à l'ouest de l'Europe, en position de « **carrefour** » entre l'Europe du Sud et du Nord-Ouest car elle possède des frontières avec six États (Belgique, Luxembourg, Allemagne, Suisse, Italie et Espagne). Son territoire s'ouvre sur quatre façades maritimes : la mer du Nord, la Manche, l'océan Atlantique et la mer Méditerranée.

▶ Cette situation géographique privilégiée fait de la France un **pays de transit** : elle est ouverte aux grandes routes maritimes et traversée de nombreux flux migratoires. Chaque année, elle accueille environ 200 000 personnes à la recherche d'un emploi et plus de 76 millions de touristes, mais aussi de nombreux Européens qui achètent des résidences secondaires.

B Une présence stratégique dans le monde

La France inclut des territoires lointains, héritages de son passé colonial. **DROM et COM** lui permettent de disposer d'une vaste zone économique exclusive **(ZEE)** (→ DÉPLIANT, XI).

> MOT CLÉ La ZEE (jusqu'à 370 km des côtes) correspond à l'espace maritime dans lequel un État peut exploiter les ressources.

2 *Des milieux variés et mis en valeur*

A Les reliefs

À l'ouest de la **ligne Metz-Biarritz** dominent les paysages de plaines et de plateaux, favorables aux activités humaines. À l'est s'élèvent des moyennes et hautes montagnes, mais ces dernières sont localisées aux périphéries du territoire (Pyrénées, Alpes, Jura).

B Les climats

▶ La majorité du territoire est sous l'influence du **climat océanique** (été frais, hiver doux et régulièrement arrosé). Favorable aux activités agricoles, il ne présente pas de contrainte majeure (sauf les tempêtes). Le climat océanique se dégrade progressivement vers l'est où il devient semi-continental (froid et sec l'hiver, chaud et sec l'été).

▶ Au sud, le **climat méditerranéen** (été chaud et sec, hiver doux et humide) permet les cultures maraîchères et viticoles, et l'ensoleillement est un atout pour le tourisme.

▶ La France d'outre-mer se situe en grande partie dans la **zone intertropicale** (climats chauds et inégalement humides) qui permet des cultures de plantation (Antilles) et favorise le tourisme (Réunion, Antilles). Certains DROM-COM sont également riches en minerais (Nouvelle-Calédonie) ou idéalement situés pour abriter des bases scientifiques (Guyane).

3 *Des contraintes à prendre en compte pour prévenir les risques*

▶ Le territoire français, la plupart du temps **aménagé** par l'homme, ne présente pas de contrainte majeure. Cependant, des **risques** existent, qu'ils soient d'origine naturelle (tempêtes créant des inondations, avalanches, sécheresse favorisant les feux de forêt) ou technologique (marées noires).

▶ Depuis 1995, des **plans de prévention des risques** (PPR), obligatoires, recensent et localisent les risques et mettent en place des dispositifs d'alerte, d'évacuation et de secours.

▶ Mais l'homme cherche aussi à protéger des espaces menacés : c'est la raison pour laquelle des **réserves naturelles** et des parcs naturels ont été créés depuis les années 1960. Dans les années 1980 et 1990, la loi Montagne, la loi Littoral et la loi sur l'eau ont tenté de concilier la protection de l'environnement et les impératifs économiques.

CONCLURE

Le territoire français offre une situation géographique privilégiée et une grande variété de milieux. Si son territoire présente quelques contraintes, celles-ci sont aménagées de manière à valoriser les milieux.

Les régions en France

35

QUIZ p. 75

Les régions sont des collectivités territoriales, acteurs majeurs de l'aménagement des territoires. Quel est leur rôle dans l'organisation du territoire français ?

1 Les régions françaises : des collectivités territoriales

A Les collectivités territoriales en France

▶ Longtemps, la France a été un État très centralisé où le gouvernement concentrait l'essentiel des pouvoirs. Aujourd'hui, il existe de nombreux échelons territoriaux par l'intermédiaire desquels l'État exerce ses actions : la **commune**, le **département** et la **région**.

▶ Les collectivités territoriales sont essentielles à l'organisation d'un pays dont la gestion est de plus en plus **décentralisée**. Elles ont des institutions élues (conseil communal, conseil général, conseil régional), une autonomie juridique et financière et des pouvoirs de gestion et d'aménagement.

▶ Créées en 1955, les régions sont devenues des collectivités territoriales par les **lois de décentralisation de 1981-1982**. Les conseillers régionaux sont élus au suffrage universel (tous les six ans), dirigés par un président de région qu'ils élisent eux-mêmes. Dans chaque région, un préfet de région représente l'État.

B Une diversité de régions (→ RABAT VI)

▶ La France compte aujourd'hui **22 régions métropolitaines** (Corse comprise) et **cinq régions ultramarines**. Certaines sont très grandes, comme la région Midi-Pyrénées, d'autres plus petites, comme l'Alsace.

▶ Un projet de **redécoupage des régions** est à l'étude. Afin de diminuer leur nombre et simplifier la gestion du territoire français, il est question d'en faire fusionner certaines (Haute-Normandie et Basse-Normandie par exemple). Ainsi, une France à 13 régions devrait officiellement voir le jour en 2016.

2 Les régions, des acteurs de l'aménagement des territoires

A Les compétences des régions

▶ Avec l'État, les régions ont en charge l'**aménagement du territoire** régional, le développement économique et culturel, l'organisation de l'enseignement scolaire et des transports. C'est la raison pour laquelle les régions financent la construction et l'entretien des lycées, l'achat des manuels et du matériel informatique ainsi que les aides aux voyages scolaires.

▶ Les domaines de compétence de la région se sont élargis depuis les **lois de 2003-2004** : transports ferroviaires (trains express régionaux, les TER, qui doivent mieux relier les différentes parties du territoire régional), rémunération des personnels techniques des établissements scolaires. Les régions ont aussi la possibilité d'organiser des référendums locaux et mènent des actions en faveur du **développement durable** (Agendas 21 régionaux).

▶ Pour financer leurs missions, les régions disposent de recettes importantes : subventions de l'État dans le cadre de contrats État-région, taxes indirectes, impôts locaux, aides de l'Union européenne par l'intermédiaire du **FEDER** (Fonds européen pour le développement économique régional).

B Les régions et l'Union européenne

▶ La région est l'échelon administratif de référence pour l'Union européenne. Celle-ci cherche à les rendre plus compétitives, attractives et soucieuses du développement durable.

▶ Afin de mieux les intégrer aux autres territoires de l'UE, celle-ci les encourage à la coopération transfrontalière et à la création d'**eurorégions**. Il s'agit de développer les axes de transport et des projets communs, de multiplier les échanges économiques et culturels entre les régions de part et d'autres des frontières.

CONCLURE

La région est sans doute la collectivité territoriale qui possède le plus de compétences dans l'aménagement des territoires. Espace vécu, territoire aménagé, son rôle est renforcé par la politique de décentralisation menée par l'État et par la politique de cohésion de l'Union européenne.

La région Île-de-France

36

QUIZ p. 75

La région Île-de-France, région-capitale, exerce son influence sur tout le territoire et au-delà des frontières. En contrepartie de cette puissance, elle doit affronter de nombreux défis. Comment aménager la région pour renforcer sa puissance tout en répondant aux besoins de ses habitants ?

1 L'Île-de-France, la région capitale

A L'identité du territoire francilien

▶ La région Île-de-France est la troisième plus petite région de France (2,8 % du territoire) mais elle abrite **19 % de la population** française métropolitaine. Elle est composée de huit départements et de 1 281 communes, dont Paris, capitale de la France.

▶ L'Île-de-France exerce son influence sur les autres régions, mais aussi sur tout le Bassin parisien : tous les jours, des milliers de « **navetteurs** » habitant dans une autre région viennent travailler à Paris ou dans l'ouest et le nord de l'Île-de-France.

▶ La région parisienne se caractérise par la jeunesse de ses habitants, leur **dynamisme démographique**, le temps passé dans les transports, un niveau de vie plus élevé que la moyenne nationale, mais aussi le stress et le coût élevé des logements.

B L'exceptionnelle concentration des hommes et des activités

▶ La puissance de l'Île-de-France s'explique par la concentration des hommes (11,9 millions d'habitants) et sa place dans l'économie du pays (29 % du PIB), soit plus que la production de richesses des Pays-Bas. 82 % de la population francilienne travaille dans les services en lien avec le tourisme, le **tertiaire supérieur**, les transports et la distribution.

▶ La région parisienne est la première région touristique du monde, avec des sites attractifs comme Paris, Versailles ou Disneyland Paris. Elle regroupe également 40 % des emplois de recherche et 350 établissements d'enseignement supérieur. L'aéroport de Roissy est un **hub international** qui dessert chaque jour 130 pays différents, surtout au sein de l'Union européenne.

▶ Enfin, l'Île-de-France demeure la 1re région industrielle et agricole du pays (45 % de sa superficie est cultivée).

▶ La puissance de l'Île-de-France s'exprime aussi au niveau **culturel et politique** : Paris abrite les grands musées nationaux mais surtout les représentants de la nation (Élysée, Sénat, Assemblée nationale).

2 L'organisation du territoire de l'Île-de-France

A Une organisation polarisée…

▶ La région Île-de-France est organisée par l'**influence de Paris** : on dit qu'elle est polarisée. L'agglomération parisienne (ou pôle urbain) abrite 9,6 millions d'habitants. Elle s'étend sur les départements proches de la capitale et vers les anciennes **villes nouvelles**, le long des cours d'eau et des axes de communication. Au-delà, le territoire de l'Île-de-France est rural.

▶ On observe un fort **déséquilibre entre l'est et l'ouest** de la région (l'ouest est plus riche, plus dynamique, mieux relié à la capitale).

B … qui devient multipolaire

▶ L'organisation de la région devient multipolaire : elle se place sous l'influence de **nouveaux pôles périurbains** (préfectures, villes nouvelles, aéroports), créateurs d'emplois mais également sources de nombreux déplacements de banlieue à banlieue (70 % des migrations régionales).

> MOTS CLÉS Une région est dite polarisée quand elle est sous l'influence d'un pôle urbain ; elle est dite multipolaire quand plusieurs pôles urbains organisent son territoire.

▶ Les réseaux de transport étant centralisés sur Paris, ces déplacements occasionnent une saturation des axes, des embouteillages et une forte pollution auxquels devrait répondre le **projet du Grand Paris** (nouvelles lignes de train et métro).

CONCLURE

L'Île-de-France, malgré sa puissance à l'échelle nationale et internationale, souffre encore d'un manque de cohésion territoriale : fortement polarisée par Paris, ses dysfonctionnements nécessitent des politiques de rééquilibrage, surtout dans le domaine des transports.

Quiz express

Cochez la ou les bonnes réponses.

37

Habiter la France

1 Le peuplement de la France

Les régions françaises les plus attractives sont :

☐ **a.** le Sud et l'Ouest

☐ **b.** les littoraux et les vallées fluviales

☐ **c.** le Nord-Est

2 Un territoire urbanisé

L'urbanisation du territoire français est caractérisée par :

☐ **a.** une forte périurbanisation

☐ **b.** une concentration des fonctions de commandement et des services diversifiés

☐ **c.** un regroupement des populations en centre-ville

3 Les contraintes du territoire français

Parmi ces éléments, lequel constitue la contrainte naturelle la moins forte ?

☐ **a.** Les reliefs élevés et l'enneigement

☐ **b.** Le climat tropical dans la plupart des DROM-COM

☐ **c.** Les sécheresses estivales du climat méditerranéen

4 Les régions en France

L'État délègue une partie de ses pouvoirs aux régions, qui sont des collectivités territoriales depuis :

☐ **a.** les lois de 1981-1982 ☐ **b.** les lois de 2003-2004

5 La région Île-de-France

	Vrai	Faux
1. L'Île-de-France est composée de cinq départements.	☐	☐
2. On nomme « navetteurs » les habitants des autres régions se rendant en Île-de-France chaque jour pour travailler.	☐	☐
3. L'Île-de-France produit environ 30 % du PIB national.	☐	☐
4. L'Île-de-France est la première région agricole du pays.	☐	☐

Corrigés !

Score : ... / 10

1 *Le peuplement de la France*

Fiche 32

Réponses a. et b. Le Sud et l'Ouest offrent des cadres de vie attractifs : ensoleillement, proximité des littoraux, activités économiques plus dynamiques. Ces régions enregistrent des soldes migratoires positifs. Les grandes vallées fluviales bénéficient d'un peuplement ancien.

2 *Un territoire urbanisé*

Fiche 33

Réponses a. et b. La plupart des centres des grandes aires urbaines perdent des habitants au profit des communes périurbaines. L'urbanisation du territoire s'accompagne d'une métropolisation, c'est-à-dire de la concentration des activités rares de commandement et de services dans les principales villes.

3 *Les contraintes du territoire français*

Fiche 34

Réponse a. Les pentes et l'enneigement des reliefs élevés sont aménagés pour le tourisme hivernal. Le climat tropical dans les DROM-COM permet la culture de produits tropicaux et le tourisme estival, mais il est aussi marqué par de violents cyclones. La sécheresse du climat méditerranéen provoque des feux de forêt et menace les récoltes, même si l'ensoleillement est un atout touristique.

4 *Les régions en France*

Fiche 35

Réponse a. C'est par les lois de décentralisation de 1981-1982 que les régions deviennent des collectivités territoriales. Leurs pouvoirs sont élargis en 2003-2004.

5 *La région Île-de-France*

Fiche 36

1. Faux. 2. 3. et 4. Vrai. L'Île-de-France est composée de huit départements : Paris, Hauts-de-Seine, Seine-Saint-Denis, Val-de-Marne, Essonne, Yvelines, Val-d'Oise et Seine-et-Marne. Bien qu'elle abrite la première aire urbaine du pays, elle demeure la principale région agricole.

Habiter la France

Récap' express 38

LES DÉFINITIONS CLÉS

Territoire, population et aires urbaines

densité	Nombre d'habitants vivant sur un territoire d'un kilomètre carré.
solde migratoire	Différence entre le nombre d'entrées et de sorties d'un territoire.
distance-temps	Temps nécessaire pour parcourir une distance.
armature urbaine	Ensemble des villes et de leurs zones d'influence.
pôle urbain	Agglomération formée d'une ville-centre et de ses banlieues.

Les régions en France, l'Île-de-France

collectivité territoriale	Administration qui prend en charge les intérêts des populations dans un territoire précis (commune, région, département). Elle dispose de représentants élus, d'un budget et de compétences qui lui sont propres.
décentralisation	Transfert des compétences de l'État vers les collectivités territoriales.
hub	Grand aéroport où convergent toutes les correspondances du réseau aérien international.
tertiaire supérieur	Services caractérisés par un haut niveau de qualification et par les fonctions de décision (banque, assurances, recherche, information, enseignement).
ville nouvelle	Ville située autour de Paris et de quelques villes françaises dont le but était au départ de décongestionner la capitale et rééquilibrer la région.

LE SCHÉMA À MÉMORISER

L'organisation de la région Île-de-France

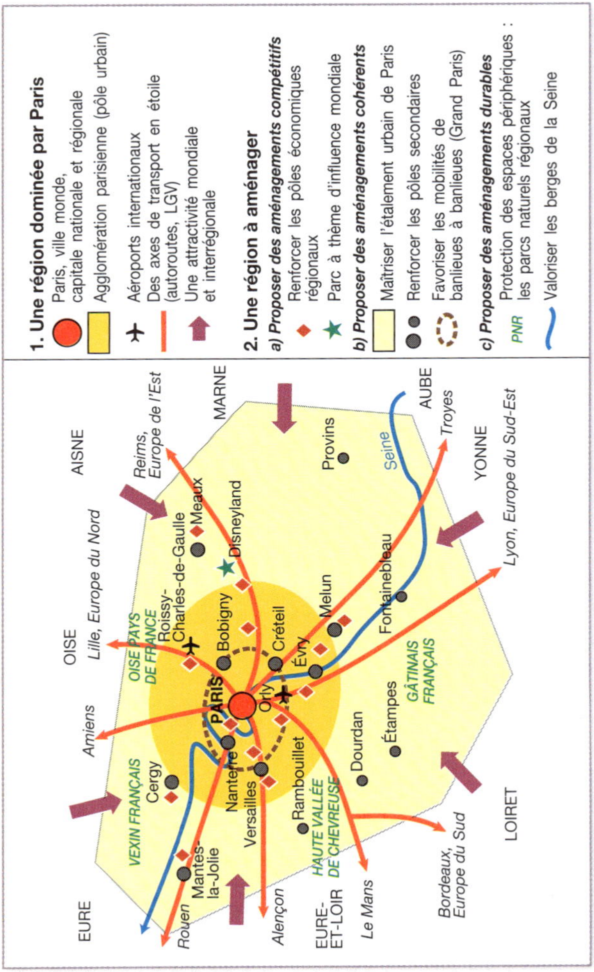

Les espaces industriels en France

39

QUIZ p. 91

L'industrie française est aujourd'hui située au 5e rang mondial et au 2e rang européen. La réorganisation de ce secteur a entraîné une forte diminution des emplois industriels et leur redistribution sur le territoire. Quel est le nouveau visage de l'espace industriel français ?

1 L'évolution de l'espace industriel

A Le poids des héritages

▶ L'héritage industriel du XIXe siècle est de moins en moins visible sur le territoire. Les industries étaient traditionnellement localisées dans les régions riches en **matières premières** (charbon, fer) et qui offraient une **main-d'œuvre** importante (Nord-Pas-de-Calais, Lorraine).

▶ L'essor industriel des Trente Glorieuses (1945-1973) a permis la modernisation de l'appareil productif (nucléaire, aérospatial), mais la crise a touché les secteurs industriels traditionnels (sidérurgie, charbon, textile) au milieu des années 1970. La production et l'emploi industriel ont chuté, les **délocalisations** à l'étranger se sont multipliées. Des activités nouvelles se sont implantées dans ces régions pour compenser les fermetures d'usines et réhabiliter les **friches industrielles.**

> MOT CLÉ Une friche industrielle est un espace occupé par des usines ou des entrepôts abandonnés.

B Une politique de décentralisation industrielle

▶ Pour faire face à la crise et à la concurrence internationale, l'État mène une politique de décentralisation industrielle dans les années 1970. L'aménagement de **zones industrialo-portuaires** (ZIP), comme au Havre ou à Dunkerque, entraîne le glissement de la sidérurgie sur les littoraux.

▶ Des entreprises s'implantent dans l'Ouest et au Sud : aéronautique à Toulouse (Airbus), informatique en région PACA. C'est l'effet « ***sun belt*** ».

2 De nouvelles dynamiques industrielles

A Les facteurs de localisation ont changé

▶ Les régions situées à l'est d'une ligne Le Havre/Marseille demeurent les plus industrialisées mais de nouvelles logiques de localisation des espaces industriels s'imposent. La **proximité d'une métropole** est privilégiée par les industries de pointe. La ville offre en effet des services de qualité, une main-d'œuvre qualifiée et un accès aux transports rapides (autoroutes, TGV, avion).

▶ Le **cadre de vie** est déterminant : la proximité du littoral ou de la montagne est recherchée par les entreprises pour attirer des ingénieurs, des chercheurs et des cadres supérieurs.

▶ Enfin, les **régions frontalières** et les zones portuaires sont dynamisées par la mondialisation et l'intégration européenne grâce à la proximité des marchés étrangers.

B Le nouvel espace industriel français

▶ Le centre industriel du pays reste localisé en **Île-de-France** et dans le **couloir du Rhône**. L'Île-de-France regroupe plus de 15 % des emplois industriels. Elle est au 1er rang pour la recherche et les industries de pointe. La région lyonnaise et le couloir rhodanien attirent les investissements étrangers. La périphérie atlantique (Bretagne, Normandie, Pays de la Loire) est dotée d'industries de pointe et s'est tournée vers le secteur agroalimentaire.

▶ Des **parcs technologiques** se développent en zone périurbaine. Les activités y sont complémentaires : recherche et innovation (laboratoires), formation (universités, grandes écoles) et technologies de pointe. Ce sont des **territoires d'innovation**.

▶ Les **pôles de compétitivité** sont des associations d'entreprises, de centres de recherche et de formation engagés dans des projets communs. Il en existe aujourd'hui 71 sur le territoire national, créés par une loi de 2005 et soutenus par des aides financières de l'État.

CONCLURE

L'Île-de-France et Rhône-Alpes dominent l'industrie française, mais les régions du sud se spécialisent dans les hautes technologies. Le Nord et l'Est connaissent une reconversion lente, tandis que l'Ouest profite de la décentralisation industrielle menée par l'État.

Les espaces agricoles français

40

QUIZ p. 91

La France est la 1re puissance agricole européenne. Si l'agriculture emploie moins de 3 % de la population active, elle n'en demeure pas moins un secteur économique performant qui s'appuie sur une industrie agroalimentaire intégrée à la mondialisation. Comment s'organise l'espace agricole français ?

1 Un puissant secteur économique

A La France, une grande puissance agricole

▶ L'agriculture occupe plus de **50 % de la superficie** du territoire français, soit 27 millions d'hectares. Les productions sont variées et performantes : céréales, viandes (bœuf, volailles), sucre (betterave), vins, fruits et légumes.

▶ Depuis les années 1970, la production agricole française a augmenté de 40 % grâce à la mécanisation de la production, au **remembrement** des terres, à la recherche agronomique, à l'utilisation d'engrais et de pesticides qui ont permis d'augmenter les rendements.

▶ La **PAC** (politique agricole commune de la Communauté européenne, créée en 1962) a permis, en garantissant un revenu stable aux agriculteurs, la modernisation du secteur agricole français.

▶ L'agriculture s'appuie désormais sur une puissante industrie agroalimentaire dominée par de grandes **firmes transnationales** (comme Danone) et de nombreuses petites et moyennes entreprises, employant plus de 400 000 personnes.

B Un secteur qui connaît de profonds bouleversements

▶ Victime de son succès, la PAC a entraîné la mise en place d'une **agriculture productiviste** et multiplié les situations de surproduction. Aujourd'hui, elle reste la principale source de financement des agriculteurs sous la forme de subventions.

▶ L'agriculture est de plus en plus vulnérable face à la mondialisation. La **concurrence internationale** fait fluctuer les prix agricoles et le revenu moyen des agriculteurs baisse régulièrement (moins 20 % en dix ans).

▶ La **population agricole** est vieillissante et le nombre d'exploitants diminue (quatre millions dans les années 1950, autour de 500 000 aujourd'hui). De moins en moins nombreux, les agriculteurs se trouvent à la tête d'exploitations toujours plus vastes.

2 *Les espaces agricoles, entre spécialisation et mutation*

A Une spécialisation des régions agricoles

> MOT CLÉ On appelle polyculture le fait d'associer plusieurs cultures sur une même exploitation agricole.

▶ La modernisation de l'agriculture française a débouché sur une spécialisation des régions agricoles et le **recul de la polyculture.** Le Bassin parisien est une région de grande culture céréalière avec de vastes exploitations très modernes. Le Bassin aquitain produit également des céréales (maïs).

▶ L'ouest de la France s'est spécialisé dans la production laitière et l'**élevage intensif hors sol** (porcs et poulets). Les cultures délicates (vignes, fruits et légumes, fleurs) sont présentes dans les vallées de la Loire, de la Garonne et en Provence. Les régions de moyenne montagne sont des régions d'élevage bovin.

B Une mutation des modes de consommation

▶ Les nouvelles attentes des consommateurs pourraient modifier cette organisation régionale. Rejetant une alimentation sans saveur dont la production est souvent néfaste pour l'environnement, ceux-ci sont de plus en plus nombreux à soutenir les expériences d'**agriculture raisonnée** (utilisant moins d'engrais et de pesticides), voire d'agriculture biologique (qui n'en utilise pas).

▶ Ils sont également nombreux à vouloir consommer des **aliments locaux** en se mettant en contact direct avec les producteurs.

CONCLURE

L'agriculture française a connu, ces cinquante dernières années, de profondes mutations. Plus intégrés au complexe agroalimentaire et à la mondialisation, les espaces agricoles se sont spécialisés et les agriculteurs se sentent fragilisés. De nouveaux modes de consommation pourraient changer le paysage agricole français.

Les espaces de services en France

41

QUIZ p. 91

La croissance de l'emploi en France au cours des trente dernières années est essentiellement due à l'essor des services. Comment ceux-ci modifient-ils l'organisation des territoires ?

1 Des activités essentiellement urbaines

A Des services en forte croissance

▶ En France, le **secteur tertiaire** (les services) représente les deux tiers des richesses produites et emploie 76 % de la population active.

▶ Les services sont publics (organisés par l'État) ou privés (assurances, banques, grands magasins…). Dans ce cas, ils sont aux mains de grandes entreprises de taille mondiale (les **firmes transnationales** ou FTN) ou d'une multitude de petites et moyennes entreprises (PME).

B Des services concentrés en ville

▶ Les services déterminent la **hiérarchie urbaine** : plus une ville offre de services rares et spécialisés, plus son influence est grande. Ainsi, les plus petites villes proposent des services élémentaires de proximité (supermarchés, boulangeries, collèges et lycées, médecins généralistes), tandis que les métropoles proposent des services appartenant au **secteur tertiaire supérieur** (enseignement supérieur, conseil, médecins spécialistes, etc.) ou des services administratifs rares (préfecture, consulat…).

▶ **Paris, métropole de rang mondial**, concentre les services culturels, les commerces de luxe, les sièges sociaux des entreprises, les services financiers situés dans le quartier d'affaires de La Défense.

▶ Certains services, consommant beaucoup d'espace, sont situés en **périphérie des grandes villes**, le long des axes de communication, où le prix de l'immobilier est moins cher : aéroports, centres commerciaux, grandes salles de cinéma, services de stockage. Grâce à l'essor des nouvelles technologies de l'information et des communications, les services aux entreprises se multiplient dans ces espaces périurbains.

2 L'évolution contrastée des activités de services

A Les territoires délaissés par les services

▶ Dans les **espaces ruraux**, la tendance actuelle est à la fermeture de services publics (écoles, bureaux de poste, gares, casernes, maternités) mais aussi privés (centres médicaux, commerces).

▶ Dans les espaces ruraux isolés, l'accessibilité aux services doit permettre d'éviter la « **déprise rurale** ». Des solutions de regroupement des activités sont parfois envisagées : création de maisons médicales accueillant plusieurs médecins, offre commune de services publics.

B Des espaces récréatifs toujours plus nombreux

▶ Le **tourisme** occupe une place particulière parmi les activités de services. Il nécessite un déplacement des touristes vers des sites particuliers et des aménagements pour les accueillir.

▶ Les zones urbaines et périurbaines abritent les musées, les monuments historiques et les parcs d'attractions. Paris est le premier pôle d'accueil mais d'autres villes sont également des lieux du **tourisme urbain** (Strasbourg, Avignon, Lille, etc.).

▶ Les littoraux et les espaces ruraux **à proximité des grandes villes** sont privilégiés pour les séjours de courte durée et bien desservis par des axes de transport (Normandie).

▶ Les **littoraux** méditerranéens et atlantiques (40 % des séjours en France) et les **montagnes** (17 % des séjours, surtout dans les Alpes du Nord) bénéficient de nombreuses infrastructures d'accueil.

▶ Le **tourisme vert** (rural) est plus diffus, souvent localisé en moyenne montagne.

CONCLURE

L'essor des services contribue à recomposer la géographie des espaces productifs français. Les services sont un facteur de hiérarchisation des villes et de réorganisation des espaces urbains. Les métropoles concentrent les activités du tertiaire supérieur tandis que le dynamisme des espaces récréatifs varie en fonction de leur accessibilité et de leur proximité avec les consommateurs.

L'agglomération parisienne

42

QUIZ p. 91

Quels éléments font de Paris une ville mondiale et quels défis lui reste-t-il à relever ?

1 *L'agglomération parisienne concentre les pouvoirs*

A Une métropole puissante

> MOT CLÉ L'agglomération parisienne regroupe la commune de Paris et les départements qui l'entourent : Val-de-Marne, Seine-Saint-Denis et Hauts-de-Seine.

▶ L'agglomération parisienne abrite 9,6 millions d'habitants, dont 2,2 millions à Paris. Mais Paris exerce son influence bien au-delà de cette petite couronne. Elle concentre tous les **lieux du pouvoir** politique : palais de l'Élysée, Hôtel Matignon, Assemblée nationale, Sénat.

▶ Paris est aussi une **métropole économique et culturelle**. La richesse produite dans l'agglomération représente environ 29 % du PIB national. Les sièges sociaux de 14 des 20 premières entreprises françaises sont situés à La Défense, le centre d'affaires de la capitale. Paris accueille aussi de grandes universités et les musées nationaux.

▶ Paris exerce son influence sur tout le territoire national. Les **réseaux de lignes à grande vitesse** (LGV) sont organisés en étoile autour de la métropole qui domine la hiérarchie urbaine.

B Une métropole de rang mondial

▶ La **mondialisation** renforce la concentration des hommes et des activités dans les grandes villes. Paris fait partie du groupe restreint des villes mondiales par l'importance de ses fonctions de commandement et sa capacité à rayonner dans le monde.

▶ Paris est la **première ville touristique** (27 millions de touristes par an). Son patrimoine culturel et architectural, les équipements de loisirs, de congrès et son accessibilité expliquent son attractivité.

▶ Paris est également un **centre économique et financier** : avec 3 millions de mètres carrés de bureaux, 3 500 entreprises et 15 firmes transnationales (FTN) parmi les 50 premières du monde, le quartier de La Défense est le premier quartier d'affaires européen. Paris est aussi la ville qui accueille le plus d'investissements étrangers au monde.

▶ Enfin, c'est un **centre politique** à l'échelle européenne et mondiale : on y trouve les ambassades ou consulats de plus de 180 pays ainsi que le siège de l'UNESCO.

2 De nouveaux défis à relever

A Le défi du dynamisme et de la diversification sociale

▶ L'agglomération parisienne présente néanmoins certaines faiblesses. Sa contribution à la richesse nationale et le nombre d'emplois diminuent, sa bourse ne peut rivaliser avec celle de Londres. Les réseaux de transport terrestres sont **saturés** et ses aéroports sont à rénover. Sa fonction résidentielle recule : Paris risque de devenir une « ville musée ».

▶ L'agglomération parisienne est également marquée par de **forts contrastes socio-économiques** : le centre de la capitale et les Hauts-de-Seine à l'ouest concentrent les populations les plus aisées, tandis que les quartiers et banlieues à l'est et au nord accueillent les foyers plus modestes et concentrent les zones urbaines sensibles.

B La nécessité d'une politique d'aménagement

▶ Depuis les années 1960, l'aménagement du territoire a consisté à freiner le développement de Paris, afin de **rééquilibrer l'organisation du territoire**. Aujourd'hui, il s'agit au contraire d'accroître la compétitivité de l'agglomération pour soutenir l'économie du pays.

▶ Le projet du « Grand Paris » est basé sur la création d'un réseau de transports en commun autour de la capitale, reliant entre elles les banlieues et communes périurbaines. Il doit favoriser la recherche et l'innovation au moyen de **pôles de compétitivité**, et du pôle scientifique et technique de Saclay.

CONCLURE

L'agglomération parisienne participe à la mondialisation. Afin de conforter son statut de ville mondiale, de nouveaux aménagements sont nécessaires pour que Paris reste le centre du développement économique de la France.

L'intégration du territoire national par les réseaux de transport

43

Comment la France s'intègre-t-elle, par ses réseaux de transport, dans l'espace européen et mondial ? Comment cette intégration modifie-t-elle le territoire national ?

1 Les réseaux de transport ont favorisé la centralisation parisienne

A Des réseaux centrés sur Paris

▶ Les réseaux de transport français ont longtemps été marqués par leur centralisation autour de Paris. Les routes royales, devenues nationales, les voies ferrées puis les autoroutes devaient relier rapidement la capitale aux principales villes de province. Toutes les **lignes à grande vitesse** (LGV) passent donc par la capitale.

▶ Cependant, ce réseau centralisé est aujourd'hui atténué. Les **autoroutes** dessinent un réseau qui couvre progressivement l'ensemble du territoire. Il s'organise toujours selon une logique nord-sud, mais il se déploie de plus en plus vers l'est et l'ouest (ex. : autoroute des estuaires reliant la Belgique à l'Espagne sans passer par Paris).

B Des espaces inégalement desservis

▶ Les espaces les mieux desservis restent donc **les espaces les plus densément peuplés**, générant le plus de trafic : Paris et les métropoles régionales, les grandes vallées (Seine, Rhône, Rhin) et quelques littoraux (Côte d'Azur, Languedoc, Normandie, Bretagne).

▶ Au contraire, les espaces les moins bien desservis sont les zones de montagne, les espaces ruraux et l'intérieur des territoires ultramarins. Ils sont souvent victimes de l'**« effet tunnel »**. Éloignés des grands axes ou seulement traversés par eux, **faiblement peuplés** et présentant des reliefs accidentés, la construction d'infrastructures y serait trop coûteuse et peu rentable.

> MOT CLÉ Un espace est victime de l'« effet tunnel » quand un axe de transport rapide le traverse sans le desservir (absence de gare TGV, d'échangeur autoroutier).

2 L'intégration à l'espace européen et au monde modifie les réseaux de transport

A La connexion au réseau européen (→ DÉPLIANT, IX)

▶ Avec l'élargissement de l'Union européenne vers l'est, l'enjeu des transports est primordial pour que la France garde sa **position naturelle de carrefour**, point de passage terrestre obligé entre la péninsule ibérique et l'Europe du Nord. La France a donc poursuivi la construction d'infrastructures autoroutières (11 800 km en 2014) connectées avec le réseau européen, et maintenu son avance par l'inauguration de voies ferrées à grande vitesse (2 000 km de LGV).

▶ La connexion ferroviaire avec nos voisins européens est achevée au nord (Eurostar vers Londres ; Thalys vers Bruxelles, Cologne et Amsterdam) et à l'est (LGV Rhin-Rhône ; connexion du TGV Est avec l'Inter City Express allemand). Le **raccordement** est en cours au sud, vers l'Espagne (LGV Sud Europe Atlantique et Lyon-Barcelone) et l'Italie (Lyon-Turin).

▶ Ces connexions nécessitent de lourds investissements et d'importants travaux (franchissement des Alpes et des Pyrénées). Dans le cadre du **projet de transports transeuropéens**, ils peuvent être en partie financés par l'UE.

B La connexion au réseau mondial

▶ L'insertion française dans l'espace mondial renforce aussi la place des **aéroports parisiens**, Roissy (au 2e rang européen et 4e rang mondial) et Orly. Ils concentrent environ 60 % du trafic aérien en France, loin devant Nice et Lyon.

▶ Enfin, l'espace français est connecté au réseau des **voies maritimes mondiales** grâce aux équipements portuaires du Havre et de Marseille. Dunkerque et Saint-Nazaire sont des ports régionaux ayant un rayonnement européen.

CONCLURE

L'intégration du territoire français à l'Union européenne et à la mondialisation a rendu nécessaire la modification de l'organisation des transports nationaux. De moins en moins centralisé, le réseau de transport cherche à se connecter toujours plus au réseau européen et mondial.

L'organisation du territoire français : une distribution contrastée des activités

44

(→ DÉPLIANT, X)

? QUIZ p. 91

Quels sont les espaces qui permettent à la France d'être intégrée à la mondialisation ?

1 La mondialisation encourage la métropolisation

A La mondialisation dynamise les grandes villes

▶ Les pouvoirs publics et les entreprises ont valorisé les métropoles, et notamment l'agglomération parisienne, particulièrement bien reliées au reste du monde. Ainsi, **Paris** concentre les fonctions de décision politique et économique. Ses aéroports (Roissy-Charles de Gaulle, Orly) assurent environ 60 % du trafic aérien français et l'essentiel des échanges internationaux.

▶ Les grandes villes de Marseille, Lyon, Lille, Strasbourg et Nice concentrent suffisamment de **services de hauts niveaux** pour rayonner au niveau européen.

B L'émergence de territoires périurbains dynamiques

▶ De nouveaux espaces productifs se sont multipliés sous l'effet de la mondialisation. Ainsi, les grandes entreprises s'implantent de plus en plus dans des **technopôles**, bénéficiant d'une main-d'œuvre qualifiée et bien reliés aux réseaux de transport internationaux.

▶ Certains espaces résultent d'une politique menée par l'État et les collectivités locales : ce sont les 71 **pôles de compétitivité**.

2 La mondialisation privilégie les interfaces

A Les littoraux

▶ La politique d'aménagement de zones industrialo-portuaires (ZIP) a adapté la France à la **littoralisation des activités**. Les aménagements de moyens de transport et de **plates-formes multimodales** ont participé à l'insertion de l'industrie française à l'espace mondial. Ainsi, les ports de Fos-Marseille et du Havre enregistrent un trafic très important.

▶ Les **activités touristiques** permettent à certains littoraux d'être des espaces attractifs.

B Les régions frontalières

▶ Avec l'**Union européenne**, le poids des régions frontalières a été renforcé. Grâce à la libre circulation des biens, des services et des personnes, celles-ci sont devenues des **interfaces**.

▶ Les régions du Nord et de l'Est ont bénéficié de la **politique de reconversion** des zones minières et sidérurgiques. L'ouverture des frontières a favorisé l'essor des investissements étrangers.

▶ Environ 320 000 frontaliers français travaillent à l'étranger, où ils bénéficient de salaires plus élevés. L'essor du **travail transfrontalier** permet de stimuler les économies locales mais tend à faire monter les prix du foncier et sature les axes routiers.

3 *Des territoires en marge de la mondialisation*

A Les périphéries du territoire français

▶ Les espaces ruraux au centre du pays ou à l'écart des grands axes de transport, la plupart des espaces montagnards mais aussi les territoires ultramarins **s'insèrent mal dans la mondialisation**. L'éloignement, les contraintes du milieu, la dispersion, le faible peuplement expliquent leur manque de dynamisme.

▶ Bien que parcourus par des axes de transport autoroutiers ou des LGV, certains de ces territoires sont victimes de l'« **effet tunnel** ».

B Les politiques en faveur des espaces peu intégrés

▶ L'État s'allie aux collectivités territoriales autour de projets d'équipements. Des lignes de TGV pourvues de nombreuses gares sont à l'étude, des antennes relais sont posées pour réduire la **fracture numérique**.

▶ Les territoires ultramarins bénéficient de financements afin de soutenir les différents secteurs économiques, participer à la formation professionnelle, adapter les services de santé et d'éducation et moderniser les transports.

CONCLURE

La mondialisation renforce le poids des métropoles et des interfaces du territoire français, les littoraux et les régions frontalières. Elle laisse néanmoins en marge les espaces peu connectés aux réseaux de communication.

?

Quiz express

Cochez la ou les bonnes réponses.

45

Aménagement et développement du territoire français

1 Les nouvelles dynamiques industrielles

Aujourd'hui, une usine préfère s'implanter :

- ☐ a. près d'une métropole
- ☐ b. près d'une source d'énergie
- ☐ c. à proximité d'un réseau de transport (autoroute, TGV)

2 Une agriculture spécialisée

Quelles régions se sont spécialisées dans l'élevage hors sol ?

- ☐ a. L'Île-de-France et la Bretagne
- ☐ b. La Bretagne et les Pays de la Loire
- ☐ c. Les Pays de la Loire et l'Auvergne

3 Les espaces de services en France

	Vrai	Faux
1. Le secteur des services emploie la majorité de la population active.	☐	☐
2. Certains services sont regroupés dans les espaces ruraux pour pouvoir subsister.	☐	☐
3. Les services publics se développent partout.	☐	☐

4 Paris, une métropole mondiale

Paris est une métropole de rang mondial car :

- ☐ a. c'est la capitale administrative de la France
- ☐ b. c'est une capitale économique, politique et culturelle de rayonnement mondial
- ☐ c. elle concentre les sièges de nombreuses FTN

5 Le territoire français dans la mondialisation

	Vrai	Faux
1. La mondialisation entraîne une littoralisation des activités.	☐	☐
2. Elle dynamise les espaces ruraux.	☐	☐
3. Les DROM-COM sont bien insérés dans la mondialisation.	☐	☐

Corrigés !

Score : ... / 11

1 *Les nouvelles dynamiques industrielles*

Fiche 39

Réponses a. et c. Au XIXe siècle, les industries s'implantaient près de sources d'énergie, de matières premières et d'une main-d'œuvre abondante. Aujourd'hui, les facteurs de localisation sont la proximité avec un réseau de transport rapide et avec une métropole abritant une main-d'œuvre qualifiée.

2 *Une agriculture spécialisée*

Fiche 40

Réponse b. La Bretagne et les Pays de la Loire se sont spécialisés dans l'élevage intensif hors sol, c'est-à-dire en batterie, dans de vastes hangars. Ce type d'élevage permet de produire rapidement, de façon intensive et à moindre coût : on parle d'agriculture productiviste.

3 *Les espaces de services en France*

Fiche 41

1. et 2. Vrai. 3. Faux. Si les Français réclament toujours davantage de services publics de proximité, ceux-ci connaissent des logiques de regroupement, ou disparaissent de certaines zones rurales.

4 *Paris, une métropole mondiale*

Fiche 42

Réponses b. et c. L'accès au rang de métropole mondiale n'est pas lié au fait d'être la capitale administrative d'un pays, mais à la présence des sièges de grandes entreprises et d'institutions internationales (ex. : Unesco) et au statut de capitale culturelle.

5 *Le territoire français dans la mondialisation*

Fiche 44

1. Vrai. 80 % des échanges mondiaux empruntent la voie maritime, ce qui favorise les interfaces maritimes (ZIP) et entraîne un glissement des activités vers les littoraux.

2. et 3. Faux. Les DROM-COM attirent essentiellement des touristes français et, de même que la plupart des espaces ruraux, ils sont peu intégrés dans les échanges internationaux.

Récap' express 46

Aménagement et développement du territoire français

LES DÉFINITIONS CLÉS

Les espaces productifs

délocalisation	Transfert d'une usine vers un autre espace pour réduire les coûts de production.
parc technologique (ou technopôle)	Espace spécialisé dans les hautes technologies associant industrie de pointe et recherche.
pôle de compétitivité	Regroupement sur un même territoire d'entreprises, d'écoles supérieures et d'organismes de recherche qui travaillent ensemble autour de projets innovants.
firme transnationale (FTN)	Grande entreprise qui possède de nombreuses filiales à l'étranger.
agriculture productiviste	Agriculture qui recherche la production maximale souvent au détriment de la qualité ou de l'environnement.
remembrement	Regroupement des terres agricoles.
déprise rurale	Abandon, dépeuplement et vieillissement des campagnes.

L'organisation du territoire

métropole	Ville exerçant une influence sur un territoire donné, qu'elle contribue à structurer.
mondialisation	Mise en relation des différentes parties du monde par l'intermédiaire de nombreux échanges de toutes natures (économiques, financiers, d'informations, de personnes).
plate-forme multimodale	Lieu de correspondance entre différents modes de transport.

LA CARTE À MÉMORISER

L'espace industriel français

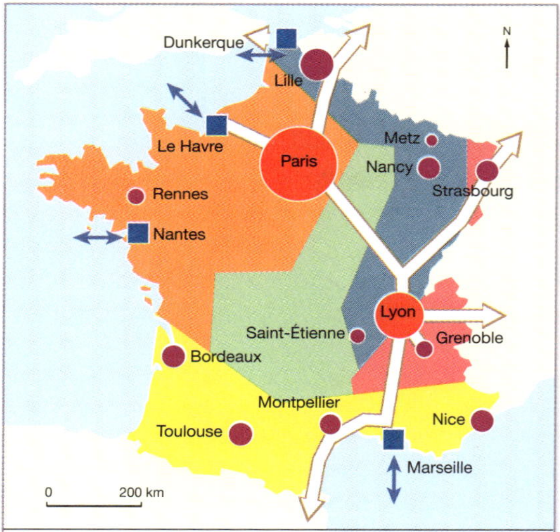

1. Les héritages

- Ancienne région industrialisée en reconversion
- Région peu industrialisée
- Pôle industriel majeur
- Autre pôle industriel

2. Les dynamismes

- Croissance et décentralisation vers l'Ouest
- Zone attractive
- Région dynamisée par les investissements européens
- Axe de circulation majeur
- Prolongement européen des axes de circulation
- Ouverture sur l'espace monde
- Zone industrialo-portuaire

Réc
exp

L'Union européenne, un territoire en construction

47

QUIZ p. 107

La construction de l'Union européenne est un projet original, ambitieux et ouvert. Pourquoi peut-on qualifier l'UE de territoire en construction ?

1 L'Union européenne, un projet géopolitique

A Un élargissement continu

► L'Union européenne (UE) est une **organisation régionale** initiée par six États d'Europe de l'Ouest en 1951 (→ FICHE 16). Depuis les traités de Rome en 1957 (CEE) et le traité de Maastricht en 1992 (UE), le nombre d'États membres est passé de 6 à 28. La chute du mur de Berlin en 1989 et l'implosion de l'URSS en 1991 ont entraîné un élargissement sans précédent à 12 États d'Europe centrale et orientale dans les années 2000 (→ RABAT V).

► La construction européenne est portée par des pays qui ont surmonté leurs divisions pour s'unir autour de **valeurs communes** comme la démocratie, les droits de l'Homme et le libéralisme. L'UE a pour ambition de s'élargir à tous les pays européens.

B Les institutions communautaires

► La **prise de décision au sein de l'UE** nécessite des institutions communautaires : le Parlement européen siège à Strasbourg (et Bruxelles), la Commission et le Conseil européens sont à Bruxelles, la Banque centrale européenne (BCE) est à Francfort.

► Des décisions concernant des domaines très variés, comme l'agriculture, l'environnement, la recherche, la justice, y sont prises et s'imposent aux États membres. Ces derniers restent néanmoins **souverains**.

2 Une union d'États à géométrie variable

► Le **marché unique**, mis en place en 1993 à l'intérieur de l'UE, permet aux marchandises, capitaux et services de circuler librement.

► Une personne ayant la nationalité d'un État membre est de fait un **citoyen européen** depuis le traité de Maastricht : il élit ses représentants au Parlement européen et peut être éligible à des mandats locaux quel que soit le pays de l'UE où il réside.

▶ Pourtant, cette union à 28 ne concerne pas tous les domaines. Ainsi, en 1985, cinq États ont signé les **accords de Schengen** permettant la libre circulation des hommes entre eux. Entré en vigueur en 1995, l'espace Schengen ne concerne aujourd'hui que 22 États sur 28 et quatre autres États y sont associés.

▶ Depuis 2002, seuls 19 des 28 États européens ont adopté l'**euro**. Certains pays, comme le Royaume-Uni, le Danemark ou la Suède refusent d'intégrer la zone euro, souhaitant garder leur souveraineté dans le domaine monétaire. D'autres ne peuvent pas encore y adhérer car ils ne remplissent pas les conditions économiques nécessaires. Une **Europe « à la carte »** est donc possible.

3 *L'Union européenne, un espace attractif*

A Un centre d'impulsion de la mondialisation

L'UE se caractérise par un haut niveau de richesse et de développement, des **métropoles mondiales** et des territoires aménagés mis en valeur et ouverts aux échanges.

B Quelles limites pour l'Europe ?

▶ L'UE est un espace attractif. C'est pourquoi les **candidatures d'adhésion** se multiplient : Islande, Turquie, Serbie, Macédoine (ARYM) et Monténégro (candidats officiels) ; Albanie, Bosnie-Herzégovine et Kosovo (candidats potentiels).

▶ Ces candidatures posent la question des limites de l'Europe. Jusqu'où doit se poursuivre l'élargissement ? Pour répondre en partie à l'attente des pays candidats, l'UE a mis en place en 2004 une **politique de voisinage** qui consiste à aider financièrement les États partageant des frontières avec elle.

▶ Depuis 2008, l'**Union pour la Méditerranée** doit promouvoir l'intégration économique et les réformes démocratiques dans 16 pays voisins situés au sud de l'UE, en Afrique du Nord et au Moyen-Orient.

CONCLURE

L'UE est un projet géopolitique et économique ambitieux qui exerce une forte attractivité sur ses voisins. Pour faire face à ses élargissements successifs, elle s'est adaptée et a mis en place une « Europe à la carte ».

Les contrastes territoriaux dans l'Union européenne

48

QUIZ p. 107

L'Union européenne présente d'importants contrastes entre les territoires riches et développés et les régions en retard de développement. Comment tente-t-elle de répondre à ces disparités ?

1 Des inégalités de richesse et de développement

A À l'échelle européenne

▶ Des **inégalités importantes** de richesse et de développement existent entre les États fondateurs de l'UE et ceux plus récemment intégrés. Ces inégalités augmentent au fur et à mesure de l'élargissement vers des États plus éloignés du cœur économique de l'UE.

▶ Ainsi, les pays d'Europe de l'Ouest et du Nord, riches et développés, s'opposent aux pays d'Europe centrale et orientale, plus pauvres et en **retard de développement**. Les États méditerranéens (Portugal, Espagne, Grèce) sont dans une situation intermédiaire.

▶ L'Europe du Sud possède une économie peu industrialisée caractérisée par un secteur touristique souvent très important. Son rattrapage économique a commencé dans les années 1990 mais il est fragilisé par un **fort endettement**, à l'exemple de la Grèce depuis 2010.

▶ L'Europe orientale constitue la **périphérie** la plus lointaine de l'UE. Son agriculture est peu productive et ses services sont encore insuffisants. Elle constitue un réservoir de main-d'œuvre peu coûteuse attirant les **délocalisations** d'usines du nord-ouest de l'Europe.

B À l'échelle des régions européennes

▶ La logique de la mondialisation met les **territoires en concurrence** et accroît les inégalités régionales en favorisant les territoires les mieux connectés au reste du monde.

▶ L'**Europe rhénane** (ensemble des territoires traversés par le Rhin) est le cœur démographique et économique de l'Union européenne. Les régions proches et bien reliées à elle, comme le bassin de Londres, l'Italie du Nord ou la Bavière, profitent de son dynamisme. Dans les nouveaux États membres, en Europe centrale et orientale, les capitales sont plus développées que le reste du territoire national.

▶ Les territoires présentant de **fortes contraintes** (froid, pente, éloignement), comme les massifs montagneux, les régions situées au nord de l'Europe ou les territoires insulaires (territoires ultramarins), sont souvent en retard de développement.

2 Les politiques européennes pour réduire les inégalités

A Cohésion et développement durable

▶ La solidarité entre les régions fait partie du projet européen. Le Fonds européen de développement régional (FEDER) créé en 1975 et le Fonds social européen (FSE) participent aujourd'hui à la « **politique de cohésion** » entre les États membres.

▶ Plus du **tiers du budget de l'UE** est ainsi consacré à aider les régions en retard de développement. Ces aides financières tentent d'améliorer l'accessibilité des territoires, favoriser l'activité économique et participer à la formation professionnelle.

▶ Le **développement durable** est aussi au cœur des préoccupations européennes : dépollution des régions industrielles en reconversion, aide au développement rural des régions isolées.

B Des disparités qui s'accentuent au sein des États

Si, grâce à aux aides financières de l'UE, des pays comme l'Espagne et l'Irlande ont pu rattraper leur retard, même de façon fragile, les disparités de développement à l'intérieur des États membres ont aujourd'hui tendance à s'accentuer. Les régions espagnoles, irlandaises, hongroises et polonaises les plus éloignées de la **dorsale européenne** (ou **mégalopole** européenne) se dépeuplent et sont particulièrement touchées par le chômage.

MOT CLÉ La dorsale européenne désigne le cœur économique et urbain de l'Europe, qui s'étend de Londres à Milan en passant par l'axe du Rhin.

CONCLURE

L'intégration de nouveaux États au sein de l'Union européenne entraîne l'augmentation des inégalités de développement et de richesses entre ses membres. L'enjeu des politiques communautaires est alors de réduire ces écarts par des aides financières dites de « cohésion ».

Un exemple de candidature d'adhésion à l'Union européenne : la Turquie

49

La Turquie entretient depuis longtemps des relations étroites avec l'Europe. Pourtant, sa demande d'adhésion à l'Union européenne fait encore débat. Pourquoi ?

1 La Turquie, un candidat officiel à l'entrée dans l'UE

A Un trait d'union entre l'Europe et l'Asie

▶ La Turquie possède 3 % de son territoire sur le continent européen. Le reste du pays est séparé de l'Europe par les détroits du Bosphore et des Dardanelles et se trouve en Asie. La candidature de la Turquie pose donc la question des **limites géographiques** de l'Europe.

▶ La Turquie apparaît comme un trait d'union entre l'Europe et l'Asie. Le **détroit du Bosphore** est traversé par deux ponts et des centaines de bateaux, les échanges y sont intenses. Il n'est donc pas une frontière « naturelle » et ne constitue pas une limite de l'Europe.

B Une candidature ancienne

Très tôt, la Turquie s'est intéressée au projet européen. D'abord associée à la CEE en 1963 (accords d'Ankara), elle dépose officiellement sa **candidature en 1987** mais les négociations ne démarrent vraiment qu'en 2005.

2 Un pays déjà intégré au territoire européen

A Un partenaire commercial et stratégique

▶ La Turquie réalise les trois quarts de son commerce extérieur avec l'Union européenne. Considérée comme un **pays émergent**, elle possède une main-d'œuvre qualifiée et bon marché et des hommes d'affaires dynamiques qui réalisent de nombreux échanges avec l'UE.

> MOT CLÉ Un pays émergent possède un PIB inférieur aux pays développés, mais connaît une croissance économique rapide.

▶ La Turquie bénéficie d'une position stratégique pour la politique extérieure européenne : **carrefour** entre les Balkans et le Moyen-Orient, elle est le seul État du monde musulman à soutenir Israël et à jouer le rôle de médiateur. Elle contrôle aussi l'approvisionnement en eau de la Syrie et de l'Irak grâce à ses barrages sur l'Euphrate. Elle est également membre de l'**OTAN**, alliée des États-Unis.

B Migrations et tourisme

Trois ou quatre millions d'Européens d'origine turque entretiennent des liens étroits avec leur pays d'origine (investissements, migrations). De plus, la Turquie est une destination touristique privilégiée pour les Européens.

3 *Les obstacles à l'adhésion de la Turquie*

▶ Les critères de Copenhague conditionnent l'entrée dans l'UE : garantir la démocratie et les droits de l'Homme, respecter les **minorités** présentes sur son territoire. Certaines questions représentent donc encore des freins à l'adhésion turque : le non-respect des Kurdes et des Chypriotes (la Turquie occupe le nord de l'île de Chypre), la non-reconnaissance du génocide des Arméniens en 1915.

▶ Même si la Turquie a mené des réformes, de nombreux points restent encore à améliorer : **protection des droits** des femmes et des enfants, liberté d'expression, lutte contre la torture.

▶ Le **poids démographique** de la Turquie (75 millions d'habitants) et les investissements nécessaires pour assurer son **rattrapage économique** expliquent l'opposition de nombreux chefs d'État à l'entrée de ce pays au sein de l'UE. Ceux-ci privilégient les formes d'association avec elle, d'autant que sa main-d'œuvre, bon marché, concurrence de plus en plus l'industrie européenne.

CONCLURE

L'adhésion de nouveaux États au sein de l'UE, comme la Turquie, pose de nombreuses questions et soulève des oppositions. Pourtant, par des échanges anciens et intenses, ce pays, trait d'union entre l'Europe et l'Asie, est déjà en partie intégré au continent européen. Mais le chemin semble encore long entre un simple partenariat et une totale adhésion.

Un département et région d'outre-mer : l'exemple de la Guyane

50

(→ DÉPLIANT, XI)

Comment la Guyane, l'un des trois départements français d'Amérique, renforce-t-elle la présence française sur le continent américain ?

1 La Guyane, le plus grand territoire d'outre-mer

A Un vaste territoire

▶ Française depuis le XVIIe siècle, l'ancienne colonie de Guyane est devenue un département en 1946. Située à 7 000 km de la métropole, elle est le plus vaste département et région français, dont la superficie représente **16 % du territoire national**.

> MOT CLÉ Le terme métropole désigne ici la France métropolitaine, c'est-à-dire les territoires français situés en Europe.

▶ La Guyane est bordée au nord par l'océan Atlantique et partage ses frontières avec le Surinam à l'ouest et le Brésil au sud et à l'est. Seul territoire ultramarin continental, elle est couverte à 94 % par la **forêt dense**, infime partie de l'Amazonie.

B Une faible population concentrée sur le littoral

La Guyane n'est peuplée que de **220 000 habitants**, dont 90 % sont regroupés sur une étroite bande côtière où sont localisées les principales villes : Cayenne, Kourou, Saint-Laurent du Maroni. Toutes les activités s'y concentrent : élevage, riziculture, cultures maraîchères, artisanat, commerce.

2 Un enjeu stratégique majeur

A L'enjeu spatial

▶ Le **centre spatial guyanais**, situé à Kourou, fournit près du quart des emplois. Cette base de lancement des fusées européennes Ariane représente 16 % du PIB guyanais.

▶ Elle bénéficie d'une latitude idéale pour placer en orbite les plus gros satellites et sa large ouverture sur l'océan limite les risques d'accident sur terre.

B L'enjeu militaire

▶ La Guyane représente un enjeu géostratégique majeur : elle permet une présence militaire française sur le continent américain. Environ 2 000 hommes garantissent la sécurité du territoire.

▶ Ils luttent contre l'immigration clandestine venue du Brésil et du Surinam, la pêche illicite dans la **zone économique exclusive** (ZEE) et l'**orpaillage** (recherche et exploitation de l'or dans les rivières) non autorisé.

3 Un territoire qui cherche à s'intégrer au continent américain

A La connexion avec l'Amérique latine

Isolée du reste du continent par la forêt amazonienne, tournée vers l'océan Atlantique, la Guyane appartient davantage à l'**espace caraïbe** qu'au continent américain. C'est pourquoi la France cherche à renforcer les liens avec l'Amérique latine en améliorant, par exemple, les réseaux de transport vers le Brésil (construction d'un pont sur l'Oyapock, routes nationales).

B Les flux migratoires illégaux

▶ Mais une meilleure intégration de la Guyane à l'Amérique latine fait craindre l'augmentation des flux migratoires illégaux. La Guyane constitue en effet un **îlot européen**, riche et développé, au milieu d'un « océan de pauvreté ». Les migrants représenteraient d'ailleurs 40 % de la population, pour la plupart illégaux.

▶ Même si ces migrants sont à l'origine du dynamisme démographique de la région, ils sont nombreux à vivre de l'orpaillage et à peupler illégalement la forêt amazonienne ou les **bidonvilles**, qui se multiplient aux périphéries des grandes villes comme Cayenne.

CONCLURE

La France est présente en Amérique latine grâce à son plus grand DROM, la Guyane. Elle cherche, par la construction d'infrastructures de transport, à mieux la connecter à l'Amérique latine. Mais cette intégration pose de nouveaux problèmes : immigration excessive et activité clandestine. Elle ne joue pas encore le rôle d'interface entre l'Union européenne et l'Amérique latine.

La France, une influence mondiale

51

QUIZ p. 107

La présence française dans le monde est le fruit d'un passé colonial et militaire mais aussi d'une longue histoire. Quels sont les aspects du rayonnement de la France dans le monde ?

1 La France, un pays ouvert sur le monde

A Une présence planétaire grâce aux territoires ultramarins

▶ La France dispose de territoires ultramarins présents sur tous les continents :

– les **départements et régions d'outre-mer** (DROM) : Guadeloupe, Martinique, Guyane, Mayotte et La Réunion ;

– les **collectivités d'outre-mer** (COM) : Polynésie française, Saint-Barthélemy, Saint-Martin, Saint-Pierre-et-Miquelon, Wallis-et-Futuna ;

– la Nouvelle-Calédonie et les Terres australes et antarctiques (Kerguelen, Crozet, Saint-Paul, Nouvelle-Amsterdam) ont des **statuts particuliers** (→ DÉPLIANT, XI).

▶ Ces territoires assurent à la France la deuxième plus grande **zone économique exclusive** (ZEE) du monde, soit 11 millions de km^2 d'espaces maritimes. Ces ZEE procurent à la France un avantage important pour l'exploitation des ressources (minerais, pêche).

B Des relations privilégiées avec les anciennes colonies françaises

▶ Les anciennes colonies françaises en Afrique sont les principales destinataires de l'**aide publique au développement**.

▶ L'image de la France, pays des droits de l'Homme, de la démocratie et terre d'asile, reste très forte : environ 165 000 **réfugiés** vivent aujourd'hui en France. La lutte contre l'immigration clandestine modifie cependant cette image.

2 Une influence géopolitique encore forte

▶ La France fait partie de toutes les organisations internationales : elle est l'un des cinq membres permanents au Conseil de sécurité de l'ONU où elle bénéficie d'un droit de veto. Elle dispose du

deuxième réseau diplomatique mondial, derrière les États-Unis, par l'intermédiaire de ses consulats et ambassades.

▶ La France est une **puissance militaire** qui possède l'arme nucléaire. L'armée française effectue des missions sous mandat international de l'ONU ou de l'OTAN, dont elle a réintégré le commandement en 2009 (elle l'avait quitté en 1966). Elle lutte contre la piraterie en Somalie dans le cadre d'une coopération européenne.

3 *Un rayonnement culturel important*

A Une vaste communauté francophone

▶ Le français, reste, avec près de **220 millions de francophones**, une langue internationale parmi les plus parlées au monde. Les sommets de la francophonie réunissent tous les deux ans l'ensemble des pays qui reconnaissent le français comme langue officielle.

▶ Le rayonnement linguistique de la France s'appuie sur le réseau des lycées français à l'étranger (461 établissements), les centres culturels et l'**Alliance française**. Des médias comme TV5 Monde, France 24 ou Radio France internationale (RFI) participent à la « puissance douce » (*soft power*) de la France.

B La défense de la diversité culturelle dans le monde

La France agit au sein de l'Organisation mondiale du commerce (OMC) pour que l'**exception culturelle** soit reconnue dans les échanges internationaux, permettant ainsi à la production audiovisuelle nationale de rester performante.

C Les expatriés, relais de la présence française dans le monde

Depuis la fin du XXe siècle, le nombre d'expatriés français ne cesse de croître. Ils seraient **entre 1,5 et 2 millions** à avoir quitté la France, dont plus de la moitié âgés de moins de 35 ans et résidant dans un pays européen.

CONCLURE

La France cherche à exercer une influence mondiale dans les domaines géopolitiques et culturels. Ses territoires ultramarins, sa présence au sein d'organismes tels que l'ONU et son rayonnement culturel lui permettent de peser dans les relations internationales.

Réalités et limites de la puissance européenne

52

QUIZ p. 107

L'Union européenne rayonne sur ses États voisins et s'impose comme un acteur majeur des échanges internationaux. Quelles sont les forces et les faiblesses de la puissance européenne dans le monde ?

1 L'UE rayonne sur son voisinage

A Un centre attractif

▶ L'UE est devenue un pôle de stabilité et de croissance, dont la force d'attraction s'exerce sur son voisinage. Cinq pays sont aujourd'hui des **candidats** officiels à l'adhésion à l'UE : l'Islande, la Macédoine (ARYM), le Monténégro, la Turquie et la Serbie. Trois autres sont des candidats potentiels : l'Albanie, la Bosnie-Herzégovine, le Kosovo.

▶ Afin d'assurer la stabilité et la prospérité économique de ces régions proches, l'UE a mis en place en 2004 une **politique européenne de voisinage**. Cette aide économique, de plus de 2,2 milliards d'euros annuels, permet d'atténuer les écarts de richesse et de développement à l'intérieur du continent.

B L'Union pour la Méditerranée

La Méditerranée est une **aire de relation privilégiée** de l'UE. En 2008, l'Union pour la Méditerranée a été définie comme une « union de projets » et a fixé des objectifs concrets en termes de protection de l'environnement et de flux migratoires. Mais depuis les révolutions arabes débutées en 2011, le processus est au point mort.

2 L'UE, une puissance majeure de la Triade

A Les attributs de la puissance européenne dans le monde

▶ L'UE appartient à la Triade. Elle est la **première puissance économique et commerciale** du monde devant les États-Unis, la Chine et le Japon. Elle réalise près de 20 % des échanges mondiaux et 28 % du PIB mondial. Elle est une puissance financière attractive puisqu'elle accueille plus de 40 % des flux d'investissements étrangers mondiaux.

▶ L'UE participe à la **gouvernance économique mondiale**. Membre de l'OMC, elle abrite 161 FTN classées parmi les 500 premiers groupes mondiaux. Les points forts de son économie reposent sur les secteurs de l'énergie, de la banque et de l'assurance, de l'automobile, mais aussi de l'électronique, de la chimie-pharmacie, de la distribution, de l'aéronautique.

▶ Les ports situés entre Le Havre et Hambourg forment la façade maritime de la Northern Range qui constitue une **interface dynamique**. Rotterdam est une porte d'entrée du territoire européen et un nœud de redistribution des marchandises venues du monde entier.

▶ Avec 500 millions d'habitants, l'UE est enfin **le plus grand marché de consommation** du monde. La main-d'œuvre européenne, très qualifiée, participe à sa puissance économique.

B Les limites de la puissance européenne dans le monde

▶ L'UE ne peut se comparer aux autres pays qu'elle précède dans le classement mondial. En effet, plus des deux tiers des échanges commerciaux sont **intra-européens**. Les politiques économiques des différents États membres sont peu coordonnées ; les États restent des concurrents dans le contexte de la mondialisation.

▶ Face aux grandes puissances mondiales, tels les États-Unis et la Chine, l'UE souffre d'un **manque d'unité politique**. Sans armée ni diplomatie commune, elle ne parvient pas à s'affirmer au sein de l'ONU, où elle n'est qu'un observateur.

▶ L'UE est de plus fragilisée par la dette publique de ses membres, la crise actuelle de l'euro, le vieillissement de sa population, les disparités économiques entre ses régions.

▶ Enfin, elle doit faire face à de nombreux **défis économiques** : la reconversion des activités industrielles en déclin, la dépendance énergétique, la compétitivité de ses activités agricoles et tertiaires face à la concurrence des pays émergents (Brésil, Chine)…

CONCLURE

L'Union européenne, puissance régionale au cœur du continent européen, est également une puissance économique à l'échelle mondiale. Cependant, l'insuffisance d'un projet politique commun constitue un frein majeur à son rayonnement mondial.

Quiz express

53

Cochez la ou les bonnes réponses.

Le rôle mondial de la France et de l'Union européenne

1 L'UE en construction

	Vrai	Faux
1. La construction européenne avait pour premier objectif de faciliter les échanges économiques.	☐	☐
2. La zone euro compte 19 États.	☐	☐
3. L'UE compte 28 membres.	☐	☐
4. Les accords Schengen permettent la libre circulation des marchandises.	☐	☐

2 Les inégalités de richesse dans l'UE

Les principaux contrastes de richesse dans l'UE opposent :

☐ a. l'Europe du Nord à l'Europe de l'Ouest
☐ b. l'Europe rhénane à l'Europe centrale et orientale
☐ c. l'Europe du Sud à l'Europe de l'Est

3 Lutter contre les inégalités au sein de l'UE

La politique européenne de lutte contre les inégalités socio-économiques entre les pays membres est appelée :

☐ a. le FEDER ☐ b. la politique de rééquilibrage
☐ c. la politique de cohésion

4 L'influence mondiale de la France

Le rayonnement de la France à l'échelle mondiale s'effectue notamment grâce :

☐ a. au nombre important de ses expatriés et à son réseau de lycées français
☐ b. à ses territoires ultramarins
☐ c. au nombre de ses entreprises de rang mondial

5 Forces et faiblesses de l'UE

Quelles sont les principales forces de l'Union européenne ?

☐ a. Son insertion dans la mondialisation
☐ b. Ses échanges internes au marché unique
☐ c. Son unité politique

Corrigés

Score : ... / 10

1 *L'UE en construction*

Fiche 47

1. et 4. Faux. 2. et 3. Vrai. À l'origine, le premier objectif de la construction européenne était de préserver la paix dans une Europe meurtrie par la guerre. La coopération économique n'était qu'un moyen pour atteindre cet objectif. La zone euro rassemble aujourd'hui 19 États et l'UE 28. Les accords de Schengen concernent la libre circulation des hommes.

2 *Les inégalités de richesse dans l'UE*

Fiche 48

Réponse b. L'Europe rhénane concentre de nombreuses métropoles et les sièges des grandes entreprises européennes. Les régions d'Europe centrale et orientale souffrent d'un retard de développement mais bénéficient de délocalisations d'entreprises de l'ouest.

3 *Lutter contre les inégalités au sein de l'UE*

Fiche 48

Réponse c. La politique de cohésion menée par l'UE s'appuie sur des aides financières accordées par le FEDER (Fonds européen de développement régional) et le FSE (Fonds social européen) aux régions en marge.

4 *L'influence mondiale de la France*

Fiche 51

Réponses a. et b. Ses nombreux territoires ultramarins permettent à la France d'avoir des bases militaires partout dans le monde. Ses expatriés et le réseau des lycées français offrent à la culture française un rayonnement au-delà de ses frontières. Néanmoins, aucune FTN française ne se hisse parmi les 20 premières mondiales.

5 *Forces et faiblesses de l'UE*

Fiche 52

Réponses a. et b. C'est grâce à ses échanges intracommunautaires que l'UE est la première puissance commerciale mondiale. Cette zone de libre-échange permet aux pays européens de mieux s'insérer dans la mondialisation. Mais l'UE ne parvient pas à parler d'une seule voix lors des grandes crises politiques qui secouent le monde.

Récap' express 54

Le rôle mondial de la France et de l'Union européenne

LES DÉFINITIONS CLÉS

Le rôle mondial de la France

aide publique au développement	Ensemble de dons et de prêts en faveur des pays du Sud (abrégée APD).
alliance française	Réseau de 1 016 associations enseignant la langue et la civilisation françaises dans le monde, subventionnées par l'État français.
exception culturelle	Politique faisant des produits culturels des exceptions à l'économie de marché (quotas, subventions).
« puissance douce » (ou « *soft power* »)	Capacité d'un État à exercer une influence culturelle sur le monde. Elle s'oppose à la puissance « dure » (« *hard power* ») qui s'exprime par la présence militaire et l'influence politique.

Le rôle mondial de l'Union européenne

interface	Lieu d'échanges privilégié entre un espace et le reste du monde (littoral, frontière, aéroport, port).
libéralisme	Politique économique qui atténue le rôle de l'État en diminuant les réglementations, les interventions et la part du secteur public dans l'économie.
organisation régionale	Association d'États qui délèguent, par un traité, l'exercice de certaines compétences à des institutions communes.
politique de cohésion	Politique ayant pour objectif de réduire les écarts de développement entre des régions.
Triade	Pôles majeurs de l'économie mondiale : Amérique du Nord, UE et Asie orientale (Japon, Chine littorale, Corée du Sud, Taiwan, Singapour).

LA CARTE À MÉMORISER

Pays et territoires francophones dans le monde

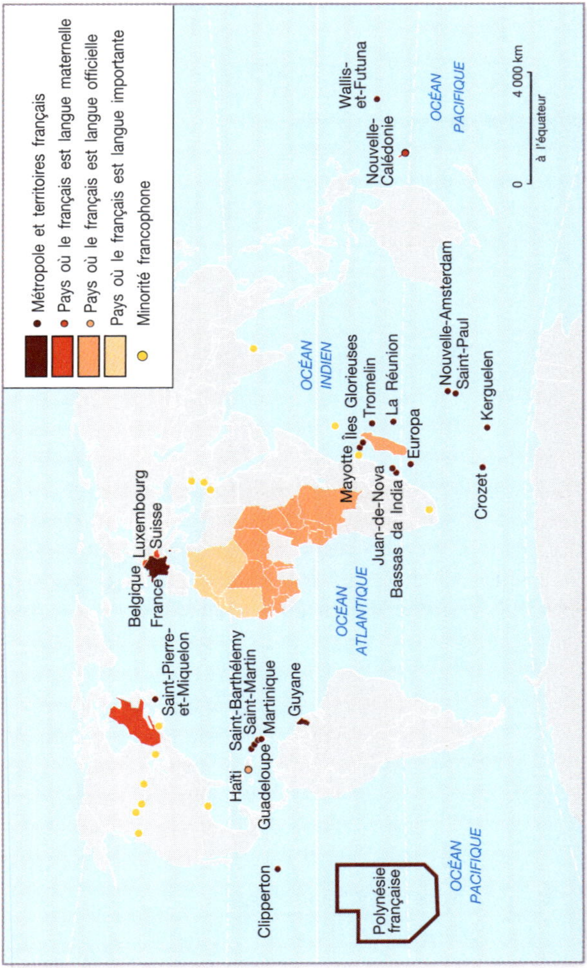

Les valeurs, les principes et les symboles de la République

55

QUIZ p. 125

Sur quelles grandes valeurs et sur quels grands principes la République repose-t-elle ?

1 La République

A L'héritage du passé

▶ Depuis la Révolution de 1789, les hommes sont des citoyens qui ont des droits affirmés dans la **Déclaration des droits de l'Homme et du citoyen**. Celle-ci garantit les libertés fondamentales et donne aux citoyens le droit d'exercer la souveraineté nationale.

▶ Les républiques successives ont développé cet héritage. Le **préambule de la Constitution de la Ve République (1958)** « proclame [...] son attachement [à] la Déclaration de 1789 [...] complétée par le préambule de la Constitution de 1946 ».

B La nation

Différents par leur origine, leurs coutumes, leur milieu social, les citoyens ont peu à peu construit la nation. La nation a le désir de vivre ensemble et de réaliser un projet collectif. Elle forme une **communauté politique** organisée par des lois.

> MOT CLÉ **La nation est une communauté de citoyens qui partagent un héritage (culture, histoire, langue, valeurs) et un projet collectif.**

C Les valeurs de la République

La République a pour devise « **Liberté, Égalité, Fraternité** ». Ces trois valeurs, reconnues comme vraies et justes par la société, sont indissociables. La Constitution de 1958 garantit la liberté et l'égalité des droits individuels et collectifs, l'égalité devant la loi et la fraternité par la solidarité.

2 Les principes de la République

▶ **« La République est indivisible. »** Les mêmes lois sont appliquées sur l'ensemble du territoire. La seule langue de la République est le français. Toute modification du territoire français doit être approuvée par une loi.

▶ **« La République est laïque. »** Depuis la loi de séparation des Églises et de l'État (1905), aucune religion ne peut exercer un pouvoir politique. L'État est neutre en matière religieuse. Les libertés de conscience et de culte sont affirmées mais la loi interdit les signes religieux ostentatoires dans les établissements scolaires et publics.

▶ **« La République est démocratique. »** La République française est une démocratie. La souveraineté du peuple s'exerce par le suffrage universel, égal et secret. La République reconnaît le pluralisme politique, c'est-à-dire l'existence de différents partis politiques. Elle affirme la séparation des pouvoirs législatif, exécutif et judiciaire confiés à des organes indépendants.

▶ **« La République est sociale. »** Les valeurs de fraternité et de solidarité se traduisent par des droits sociaux : droit à l'enseignement, droit à l'aide de la société face aux difficultés (maladie, chômage, vieillesse).

3 *Les symboles de la République*

A Les trois symboles officiels hérités de la Révolution

▶ Le **drapeau** bleu, blanc, rouge devient emblème national en 1830. Il rappelle la réconciliation de Louis XVI et des révolutionnaires parisiens après la prise de la Bastille.

▶ ***La Marseillaise*** est un chant de guerre qui exalte la liberté. Composé par Rouget de Lisle en 1792, il est décrété hymne national en 1880.

▶ La **devise** de la République (« Liberté, Égalité, Fraternité »), adoptée en 1848, est un héritage de 1789.

B La mémoire républicaine

▶ **Marianne**, allégorie de la République, porte le bonnet phrygien, symbole de la liberté des affranchis de la Rome antique.

▶ Les **fêtes nationales** (14 juillet, 11 novembre, 8 mai) et le **Panthéon**, dédié aux grands hommes de la nation, rappellent le passé commun.

CONCLURE

La République française, par ses valeurs et ses principes, est un régime politique dans lequel les citoyens disposent de droits et exercent la souveraineté nationale.

Nationalité, citoyenneté française et citoyenneté européenne

56

? QUIZ p. 125

Comment acquiert-on la citoyenneté française ? Quels droits et devoirs sont liés à la citoyenneté ?

1 *Nationalité et citoyenneté*

A La nationalité

▶ Élément de l'identité d'une personne, la nationalité atteste de son appartenance à la nation et lui confère certains **droits et devoirs**.

▶ La nationalité est acquise ou obtenue :
– par **filiation** (droit du sang), à la naissance dès lors qu'un des deux parents est français ;
– par **naissance sur le sol français** (droit du sol), à 18 ans pour une personne née de parents étrangers, résidant en France depuis au moins cinq ans ;
– par **mariage** avec un(e) Français(e), après un délai de quatre ans et sur demande ;
– par **naturalisation** accordée par l'État à une personne majeure vivant en France depuis plus de cinq ans, n'ayant pas fait l'objet de condamnation et ayant une connaissance suffisante du français, attestant ainsi de son intégration à la nation française.

B La citoyenneté française

▶ Nationalité et citoyenneté sont **indissociables** : est citoyen français celui qui a la nationalité française.

▶ Les citoyens appartiennent à une **communauté politique** qui exerce la **souveraineté nationale** par des droits politiques : le droit de vote, le droit d'élire ses représentants et le droit d'être élu (éligibilité).

▶ Ils ont aussi des **devoirs spécifiques** : voter, participer à la défense nationale, participer au jury de cour d'assises.

C La citoyenneté européenne

▶ En 1992, le **traité de Maastricht** crée « une citoyenneté européenne pour toute personne ayant la nationalité d'un État membre ».

▶ Les citoyens de l'UE ont le **droit de circuler et de résider** librement dans l'UE, d'y exercer une profession, d'y faire des études. Ils peuvent déposer plainte devant la Cour de Justice européenne.

▶ Les citoyens européens qui résident dans un État différent de leur État d'origine ont aussi des **droits politiques**. Ils sont électeurs et éligibles aux élections européennes et municipales.

2 Des droits et des devoirs pour tous

A Des droits civils individuels et collectifs

La Ve République est un État de droit. Français et étrangers qui forment la population de la France ont en commun des **droits garantis par la Constitution**.

▶ La Constitution garantit les **droits individuels** :
– le droit de se déplacer et de résider selon son choix ;
– le droit à la vie privée (droit à l'image) ;
– les droits aux libertés de pensée, d'opinion, d'expression, de conscience et de culte, dans le respect du principe de laïcité ;
– le droit de posséder un bien.

▶ La Constitution garantit aussi des **droits collectifs** :
– le droit d'association (syndicats, partis politiques) ;
– les droits d'expression collective : liberté de la presse et des médias, droit de réunion et de manifestation, droit de grève.

▶ Les **droits économiques et sociaux** traduisent la solidarité nationale : les droits à l'enseignement, à la protection de la santé, au travail, au logement et le droit à l'aide de la collectivité pour ceux qui sont dépourvus de revenus suffisants.

B Des devoirs pour tous

Ces devoirs sont :
– le devoir de respecter les lois et de faire preuve de **civisme** en plaçant l'intérêt général au-dessus de l'intérêt particulier ;
– le devoir de **travailler** ;
– le devoir de **payer l'impôt** et les cotisations sociales qui financent les droits sociaux ;
– le devoir de **civilité** afin de vivre en bonne entente et de contribuer à l'intérêt général.

CONCLURE

La citoyenneté, par les droits et devoirs qu'elle comporte, fait de chacun un membre responsable d'une communauté souveraine. Des droits civils, économiques et sociaux sont accordés à tous les habitants installés sur le territoire.

La vie politique

57

QUIZ p. 125

Comment la vie démocratique s'exerce-t-elle par la vie politique ?

1 Les institutions de la Vᵉ République (→ DÉPLIANT, XII)

A Le pouvoir législatif

▶ Il appartient au **Parlement**, formé de l'**Assemblée nationale** (577 députés) et du **Sénat** (348 sénateurs). Les deux assemblées ont l'initiative des lois. Les parlementaires peuvent déposer une proposition de loi, qui donne lieu à des débats et peut être modifiée par des amendements.

▶ Les deux assemblées doivent voter le texte de loi dans les mêmes termes. En cas de désaccord, l'Assemblée nationale l'emporte car elle est issue du suffrage universel direct, alors que le Sénat est élu indirectement.

B Le pouvoir exécutif

▶ Il appartient au président de la République et au gouvernement.

▶ Le **président de la République** est élu directement par la nation pour 5 ans. Chef de l'État, il garantit l'indépendance nationale et l'intégrité du territoire. Il désigne le Premier ministre et préside le Conseil des ministres. Il peut dissoudre l'Assemblée nationale et consulter la nation par référendum. Il promulgue les lois.

▶ Le **gouvernement**, formé de **ministres** et de **secrétaires d'État**, est dirigé par le Premier ministre. Celui-ci, nommé par le Président, est issu de la majorité à l'Assemblée nationale. Il conduit la politique de la nation et dirige l'administration. Le gouvernement a l'initiative des lois et en soumet les projets au Parlement.

C Des pouvoirs liés

▶ Le gouvernement est **responsable devant le Parlement**. Il dialogue avec lui et peut être contraint à démissionner par le vote d'une motion de censure.

▶ La Vᵉ République présente à la fois les caractéristiques d'un **régime parlementaire** et celles d'un **régime présidentiel**.

2 *Le pouvoir local*

A Les collectivités territoriales

Communes, départements et régions sont administrés par des conseils élus au suffrage universel direct : les **conseils municipaux, départementaux et régionaux.** Ils ont un pouvoir réglementaire et disposent d'une administration et d'un budget.

B La décentralisation

▶ Pour une plus grande efficacité et une plus grande proximité des citoyens, les **lois de décentralisation** de 1982-1983 et de 2003 ont confié certains des pouvoirs de l'État aux collectivités territoriales.

▶ L'État leur a transféré certaines **compétences** dans les domaines de l'enseignement, des infrastructures de transport, de l'action sociale et de la culture.

3 *La citoyenneté politique*

A Les partis politiques

▶ Les partis politiques regroupent des citoyens qui ont des idées politiques communes exprimées dans un **programme.** Ils présentent des **candidats** aux élections afin d'exercer le pouvoir et de réaliser leur programme.

▶ Ils cherchent à obtenir le **suffrage des électeurs** et diffusent leur programme par les médias et par des actions menées par les adhérents et les militants (distribution de tracts, réunions).

▶ Nombreux et divers, ils attestent du **pluralisme politique** et animent le débat démocratique.

B Le citoyen, acteur de la démocratie

Dans une démocratie qui donne la primauté à l'intérêt général, le citoyen doit **s'impliquer en votant**, en s'informant, en participant aux débats, en suggérant des réformes aux élus, en prenant des responsabilités dans la vie locale. Il peut infléchir les décisions des élus en exerçant ses droits de manifester et de signer des pétitions.

CONCLURE

Tous les acteurs de la vie politique, citoyens et élus qui les représentent, contribuent à faire exister la démocratie.

La vie sociale

58

? QUIZ p. 125

Comment, dans le cadre du travail et dans la vie quotidienne, la démocratie sociale s'exerce-t-elle ?

1 *La vie professionnelle*

A Les syndicats, représentants du monde du travail

▶ Les syndicats sont des **associations professionnelles** qui défendent les droits des actifs. Sont membres d'un syndicat les adhérents qui ont acquitté une cotisation (8 % des salariés actuellement).

▶ Les salariés (83 % des actifs) des différentes branches professionnelles sont représentés par des syndicats qui sont regroupés en cinq **syndicats interprofessionnels** :
– la CGT (Confédération générale du travail) ;
– la CFDT (Confédération française démocratique du travail) ;
– FO (Force ouvrière) ;
– la CFTC (Confédération des travailleurs chrétiens) ;
– la CGC (Confédération générale des cadres).

▶ Les employeurs sont représentés par des **organisations patronales** (le MEDEF ou Mouvement des entreprises de France). Les professions indépendantes ont leurs syndicats de médecins, de commerçants, d'agriculteurs, etc.

B Les syndicats, interlocuteurs des pouvoirs publics

▶ Les **partenaires sociaux**, les syndicats interprofessionnels (reconnus comme représentatifs des salariés) et le patronat sont les interlocuteurs de l'État.

▶ Ensemble, ils font évoluer le **droit du travail**. Syndicats et patronat concluent aussi entre eux des **conventions collectives** qui fixent les mêmes conditions d'emploi des salariés pour chaque profession.

MOT CLÉ Le droit du travail fixe notamment la durée du travail (40 heures en 1936, 39 en 1982, 35 en 2000) et l'âge de départ à la retraite (60 ans en 1982, 62 ans en 2010).

▶ Pour faire aboutir leurs revendications, les syndicats négocient, organisent des **grèves** ou des **manifestations**.

2 Le mouvement associatif

A Les associations

▶ Autorisées par la **loi de 1901**, les associations sont des groupes de personnes qui se rassemblent autour d'un projet commun.

▶ Très nombreuses (plus de 500 000), elles sont formées d'adhérents et animées par des **bénévoles** qui s'impliquent dans les activités de l'association.

▶ Les associations sont à **but non lucratif**. Nombre d'entre elles sont des associations de proximité, dont les membres ont en commun un intérêt ou une passion : les loisirs, le sport, la culture, etc.

▶ Des **associations philanthropiques** exercent la solidarité par des actions auprès de personnes démunies (Restos du cœur, Secours populaire).

▶ Les **organisations non gouvernementales** (ONG) ont pour objectif d'apporter une aide humanitaire à des populations en grandes difficultés (Médecins du monde, Action contre la faim, Handicap international). Composées de volontaires, elles exercent leurs missions à l'étranger, très fréquemment en lien avec des missions de l'ONU.

B Les groupes de pression

▶ Les groupes de pression **défendent une cause** (l'environnement, le commerce équitable) ou un groupe (les consommateurs). Ils cherchent à sensibiliser l'opinion et à infléchir l'action politique par différentes actions : campagnes médiatiques, manifestations, pétitions, boycotts (de certains produits par exemple).

▶ Des groupes de pression **défendent des valeurs** : la tolérance (la Ligue contre le racisme et l'antisémitisme ou LICRA, SOS racisme), l'égalité des droits pour les femmes… Les communautés religieuses et les communautés de pensée (francs-maçons, libres penseurs) ont une forte audience auprès des hommes politiques.

CONCLURE

La démocratie sociale se traduit par le droit d'association. Les citoyens l'exercent librement par une adhésion à un syndicat ou à une association.

L'opinion publique et les médias 59

QUIZ p. 125

Comment, par les médias et Internet, les droits d'information et d'expression s'exercent-ils ?

1 Les médias

A Le rôle et la diversité des médias

▶ Les médias – presse écrite, radio, télévision et Internet – sont des **moyens de communication de l'information**. Ils contribuent collectivement à l'exercice du droit à l'information.

▶ Le citoyen a le droit et le devoir de s'informer sur tout sujet politique, économique ou social. Les médias, **libres et pluralistes**, donnent au citoyen des informations de diverses sources. Celui-ci peut les confronter en exerçant son esprit critique et ainsi se forger sa propre opinion.

B Les devoirs des médias

▶ Les médias révèlent des faits, les analysent, les commentent et animent ainsi le débat démocratique. Ils exercent une **forte influence** sur l'opinion publique et disposent d'un véritable pouvoir. La radio et la télévision sont surveillées par le Conseil supérieur de l'audiovisuel (CSA) qui veille à l'équité entre les partis politiques.

▶ Les journalistes sont tenus de respecter les devoirs de leur profession (la **déontologie**) : indépendance d'esprit, vérification de la véracité des informations, respect de la vie privée. Ils doivent s'interdire toute désinformation (images manipulées ou virtuelles, interviews tronquées). Entre les médias, la concurrence est vive pour l'audience, gage de contrats publicitaires rémunérateurs.

2 Les sondages d'opinion

▶ L'**opinion publique** est l'ensemble des idées ou manières de penser d'une population en matière politique, économique, sociale. Elle est prise en compte par les dirigeants politiques et infléchit leurs décisions.

▶ Pour tenter de **connaître l'opinion publique**, des instituts organisent des sondages d'opinion. Environ 1 000 personnes constituent un **échantillon** représentatif de la population (un panel) en proportion de sa structure par âge, sexe, lieu de résidence, activité. Le panel répond à des questions précises sur un sujet. Des calculs statistiques étendent les résultats à l'ensemble de la population.

▶ Les sondages d'opinion sont donc une **image de l'opinion** publique sur un sujet, à un moment donné. Ils ne remplacent en aucun cas les élections. Ils peuvent comporter une marge d'**incertitude** importante. Ils peuvent fausser le jeu démocratique en influençant fortement les citoyens.

3 Internet

A Les atouts d'Internet

▶ De plus en plus utilisées, les techniques de l'information et de la communication (TIC) donnent aux internautes une grande liberté pour s'informer. Ceux-ci peuvent recevoir une multitude d'informations, de différentes sources, à l'échelle planétaire et en temps réel.

▶ Ils participent directement au débat démocratique en s'exprimant sur des **forums de discussion** ou en organisant une mobilisation pour une cause (« printemps arabe », Syrie).

▶ Le réseau est **censuré** dans les pays non démocratiques qui ne reconnaissent pas les libertés fondamentales.

B Les risques d'Internet

▶ Les informations diffusées par les médias traditionnels sont décryptées par les journalistes. Celles qui proviennent de blogs ou de réseaux sociaux exigent de l'internaute davantage de réflexion et d'**esprit critique**.

▶ Ce dernier doit aussi exercer sa **vigilance** car les États ne peuvent pas contrôler le réseau à l'échelle mondiale ni interdire des sites qui bafouent la dignité de l'homme (racistes, pédophiles).

▶ En France, la Commission nationale informatique et liberté (CNIL) contrôle le droit au respect de la vie privée.

CONCLURE

L'exercice des droits d'information et d'expression individuels et collectifs est une condition indispensable de la vie démocratique.

La paix et la sécurité collective

60

QUIZ p. 125

Comment maintenir et rétablir la paix dans le monde ?

1 Protéger la paix

A Les acteurs du maintien de la paix

MOT CLÉ **Une résolution de l'ONU est une décision votée par l'Assemblée générale ou par le Conseil de sécurité.**

▶ L'**Organisation des Nations unies**, créée en 1945, a pour but « le maintien de la paix ». Presque tous les États du monde y adhèrent et siègent à l'Assemblée générale. Les membres permanents du **Conseil de sécurité** (Chine, États-Unis, France, Royaume-Uni, Russie) ont un droit de veto sur les résolutions.

▶ Des **organisations régionales** (OTAN, UE, Unité africaine, Ligue arabe…) participent au maintien de la paix, ainsi que tous les États.

B Prévenir les conflits

▶ L'ONU **contrôle le désarmement** et l'interdiction des armes de destruction massive (nucléaires, chimiques, biologiques).

▶ Les **différends entre États** tentent d'être réglés par la négociation et la médiation (de son secrétaire général Ban Ki-moon).

▶ Face à un État jugé menaçant, l'ONU peut décider un **embargo**.

C Mettre fin aux conflits

▶ La force d'interposition de l'ONU, les **Casques bleus** formés de contingents d'États membres de l'ONU, a pour mission de séparer les combattants, d'établir le cessez-le-feu et de secourir les populations (aide humanitaire).

▶ Pour rétablir la paix, l'ONU peut envoyer une **force d'intervention** (Koweït, 1991).

2 Les difficultés du maintien de la paix

▶ Les résolutions du Conseil de sécurité sont ralenties par le **droit de veto** exercé par ses membres permanents aux intérêts souvent divergents.

▶ La plupart des conflits sont internes. L'ONU est partagée entre la responsabilité de protéger les populations et le principe de non-ingérence dans un État souverain. Elle exerce un **droit d'ingérence humanitaire** pour aider les populations et les réfugiés dans les zones de conflits (Kosovo, Soudan).

▶ La menace des **organisations terroristes clandestines** pèse toujours, malgré l'intervention militaire autorisée par l'ONU en Afghanistan contre Al-Qaïda en 2001.

3 *La recherche de la sécurité collective*

A Par la coopération

▶ La sécurité collective est liée à une indispensable solidarité entre tous les hommes. Par des institutions spécialisées, l'ONU **aide les pays en développement** dans les domaines de l'économie, de l'éducation, de la santé. Elle est secondée par des ONG humanitaires (Médecins sans frontières, Croix-Rouge).

▶ La **solidarité mondiale** s'exerce aussi dans les situations de catastrophes naturelles (sécheresse et famine, épidémie, séisme).

B Par la défense des droits de l'Homme

▶ L'ONU tente de faire respecter les droits de l'Homme et intervient dans des conflits dans lesquels sont perpétrés des crimes de guerre, des **crimes contre l'humanité** et/ou des génocides (Rwanda, ex-Yougoslavie).

▶ L'ONU œuvre à l'**établissement de la démocratie** par une assistance électorale (Soudan) ou par une intervention pour faire respecter le verdict des urnes (Côte d'Ivoire, 2011).

C Par la protection de la Terre

Sous l'égide de l'ONU, des conférences (Kyoto, 1997) tentent de résoudre les problèmes de l'environnement et du **développement durable** qui concernent le monde entier.

CONCLURE

Le maintien de la paix et la sécurité collective doivent faire coexister deux valeurs parfois opposées : le bien commun et la souveraineté des États.

La défense et l'action internationale de la France

61

QUIZ p. 125

Comment la France organise-t-elle sa défense ?

1 Les missions de la défense nationale

▶ La défense nationale a pour mission de préserver l'**intégrité du territoire**, de garantir la souveraineté nationale et de protéger la population. Depuis la fin de la guerre froide et malgré les guerres interethniques en ex-Yougoslavie, l'Europe est pacifiée. La France n'a plus de menaces sur ses frontières.

▶ La défense civile a pour mission la **prévention** contre les menaces (plan Vigipirate anti-terroriste), la sécurité contre les risques naturels et technologiques et les opérations de secours aux sinistrés (inondations, marées noires). L'armée participe de plus en plus à ces missions de **protection civile**.

2 L'action internationale de la France

A Le respect des traités et des engagements de la France

▶ Par des traités, la France s'est engagée dans des organisations internationales (**ONU, OTAN, UE**) qui prévoient une aide réciproque de leurs membres en cas d'agression. Avec l'ONU et l'OTAN, la France participe à des actions communes. Des effectifs français font partie des forces d'interposition de l'ONU (Casques bleus) au cours des années 1990 (Somalie, Rwanda, Cambodge, Liban, Bosnie).

▶ La France est favorable à un monde multipolaire et au respect des décisions prises par l'ONU. Son armée a participé à la **guerre en Afghanistan** (2001-2012) sous l'égide de l'ONU. Mais en 2003, la France a refusé de s'engager dans la guerre en Irak, lancée par les États-Unis sans l'aval de l'ONU.

▶ Dans le cadre de l'UE, la **Politique étrangère et de sécurité commune (PESC)** prévue par le traité de Maastricht (1992) est encore en construction. Les États de l'UE parviennent difficilement à adopter une politique étrangère commune.

▶ La France a signé des accords avec des pays d'Afrique francophones. « **Gendarme de l'Afrique** », elle coopère avec les armées locales au maintien de la paix (Côte d'Ivoire en 2011, Mali en 2013, République centrafricaine en 2014).

B Une politique d'aide internationale

▶ La France se veut solidaire des pays peu développés. Dans le cadre de l'**aide au développement**, elle envoie des coopérants et fournit une aide technique.

▶ Les ONG françaises apportent une **aide d'urgence** aux populations en difficulté (catastrophe naturelle, guerre).

3 *Une nouvelle organisation de l'armée*

A Une armée de métier

Avec de nouvelles missions (maintien de la paix, missions humanitaires), l'armée doit être permanente, organisée en temps de paix et capable d'interventions hors du territoire national. En 1997, une réforme a mis en place une **armée de professionnels** et de volontaires, bien formés et bien équipés d'armes de haute technologie.

B Le parcours de citoyenneté

▶ En 2002, la conscription (service militaire obligatoire pour les hommes) a été supprimée et remplacée par le **service national universel** (garçons et filles). Obligatoire, celui-ci s'effectue par un « **parcours de citoyenneté** » en trois étapes :
– l'**éducation à la citoyenneté** durant la scolarité ;
– le **recensement** à 16 ans ;
– et la **journée Défense et Citoyenneté (JDC)**.

▶ Au cours de la JDC, il est rappelé aux jeunes qu'ils sont des citoyens (valeurs de la République, notions de droits et de devoirs), qu'ils doivent faire face à un monde instable et qu'en tant que citoyens ils ont un rôle à jouer. Ils doivent prendre conscience de la légitimité de la défense. Celle-ci est un devoir, un élément de la citoyenneté.

▶ Au cours de la JDC, les jeunes sont informés sur les métiers de la défense nationale.

CONCLURE

La défense nationale s'est adaptée au contexte international, s'impliquant plus dans le maintien de la paix mondiale.

? Quiz express

Cochez la ou les bonnes réponses.

62

Citoyenneté, vie démocratique et défense

1 République et citoyenneté

	Vrai	Faux
1. Le suffrage est universel, égal et secret.	☐	☐
2. Seuls les citoyens français ont des droits politiques.	☐	☐
3. La nationalité française est acquise seulement par le droit du sang et le droit du sol.	☐	☐

2 La vie politique

Selon les institutions de la Vᵉ République :

- ☐ a. l'initiative de la loi appartient aux seuls parlementaires
- ☐ b. le Premier ministre est élu
- ☐ c. le pouvoir local est exercé par les collectivités territoriales

3 Les droits collectifs

	Vrai	Faux
1. En France, 83 % des actifs adhèrent à un syndicat.	☐	☐
2. Les groupes de pression cherchent à infléchir la législation.	☐	☐
3. Les médias sont des moyens d'information.	☐	☐

4 La paix et la sécurité collective

L'Organisation des Nations unies (ONU) :

- ☐ a. est créée en 1945
- ☐ b. veille au désarmement
- ☐ c. dispose d'une armée permanente, les Casques bleus

5 La défense nationale

Le service national universel :

- ☐ a. est obligatoire pour tous les Français et Françaises
- ☐ b. est un devoir du citoyen
- ☐ c. comporte une journée Défense et Citoyenneté facultative

Corrigés !

Score : ... / 11

1 République et citoyenneté

Fiches 55 et 56

1. Vrai. La souveraineté nationale s'exerce par le suffrage universel égal et secret.

2. et 3. Faux. Les citoyens d'un État de l'UE qui résident en France ont le droit de vote et d'éligibilité aux élections municipales et européennes. La nationalité peut aussi être obtenue par mariage ou par naturalisation.

2 La vie politique

Fiche 57

Réponse c. L'initiative de la loi appartient aux parlementaires (proposition de loi) et au gouvernement (projet de loi). Le Premier ministre est nommé par le président de la République. Le pouvoir local est exercé par les conseils municipaux, départementaux et régionaux élus au suffrage universel direct.

3 Les droits collectifs

Fiches 58 et 59

1. Faux. Seuls 8 % des salariés (lesquels représentent 83 % des actifs) adhèrent à un syndicat.

2. et 3. Vrai. Les groupes de pression, par des campagnes médiatiques ou des manifestations, tentent d'obtenir une législation favorable à leur cause. Les médias (presse écrite, radio, télévision) sont des moyens d'information. Internet est à la fois source d'information directe et moyen d'expression (sites web, forums, blogs).

4 La paix et la sécurité collective

Fiche 60

Réponses a. et b. L'ONU est créée en 1945 pour préserver la paix, défendre les droits de l'Homme et promouvoir le développement. Elle interdit la fabrication et l'utilisation des armes de destruction massive. Les Casques bleus sont formés de contingents issus d'États membres de l'ONU.

5 La défense nationale

Fiche 61

Réponses a. et b. Le service national universel est un devoir des citoyens et citoyennes. Il comprend notamment la présence obligatoire à la journée Défense et Citoyenneté.

Récap' express 63

Citoyenneté, vie démocratique et défense

LES IDÉES ESSENTIELLES

La République et la citoyenneté

▶ La Ve République garantit la **souveraineté nationale.**

▶ Les **principes de la République** sont l'indivisibilité, la laïcité, la démocratie et la solidarité.

▶ Les **symboles de la République** sont le drapeau tricolore, l'hymne national et la devise « Liberté, Égalité, Fraternité », qui proclame les **valeurs de la République.**

▶ La **nationalité** est acquise par filiation, par naissance sur le sol français, par mariage ou par naturalisation.

▶ La nationalité française donne aux citoyens des **droits politiques** (vote et éligibilité).

▶ En France, citoyens et étrangers ont des **droits** (individuels et collectifs) et des **devoirs** : respecter les lois, travailler, payer l'impôt.

La vie démocratique

▶ Le **suffrage universel**, la **séparation des pouvoirs** législatif et exécutif et le **pluralisme** des partis politiques sont constitutifs de la vie démocratique.

▶ Les **collectivités territoriales** élues (conseils municipaux, départementaux et régionaux) exercent le pouvoir local.

▶ Les **syndicats**, les associations, les **groupes de pression** ainsi que les **médias** libres et pluralistes (presse, radio, télévision, Internet) contribuent au débat démocratique.

La paix et la sécurité collective

▶ Créée en 1945, l'**ONU** a pour but le maintien de la **paix** par la médiation, le désarmement et l'envoi de forces d'interposition (les Casques bleus).

▶ La **sécurité collective** est recherchée par une aide économique et sociale apportée aux pays en développement et par la défense des droits de l'Homme et de la démocratie.

La défense et l'action internationale de la France

▶ La défense nationale a pour mission la **défense du territoire** et la prévention contre les menaces et les risques sur le territoire national.

▶ La France participe à des **opérations extérieures** dans le cadre de ses engagements avec l'ONU, l'OTAN, l'UE et de ses accords avec des pays d'Afrique francophones.

▶ En 1997, une réforme de la défense nationale a mis en place une **armée de professionnels**. La conscription est remplacée par le service national universel qui s'effectue par le **parcours de citoyenneté**.

LES DÉFINITIONS CLÉS

valeurs de la République	Idées reconnues comme vraies et justes par la société : la Liberté, l'Égalité, la Fraternité.
principes de la République	Bases de l'organisation de la République : celle-ci est « indivisible, laïque, démocratique et sociale » (art. 1 de la Constitution).
pouvoir législatif	Pouvoir de voter la loi. Il appartient au Parlement : l'Assemblée nationale et le Sénat.
pouvoir exécutif	Pouvoir de faire appliquer la loi. Il appartient au président de la République et au gouvernement.
embargo	Interdiction faite à un pays d'importer et/ou d'exporter des marchandises.